Mathias Ebel

Corporate Social Responsibility und wirtschaftlicher Erfolg

Darstellung und Diskussion ausgewählter Perspektiven der jüngeren Forschung

BEITRÄGE ZUR ANWENDUNGSORIENTIERTEN UNTERNEHMENSFÜHRUNG
Band 3: Herausgegeben von Bernd Banke und Bernhard Seitz

BEITRÄGE ZUR ANWENDUNGSORIENTIERTEN UNTERNEHMENSFÜHRUNG

Schriftenreihe der Europäischen Fernhochschule Hamburg

Reihenherausgeber: Prof. Dr. Jörn Altmann und Prof. Dr. Ronald Deckert

ISSN 2192-0478

1 *Katy Kohrs*
Seepiraterie
Risikomanagement für Reedereien, Ladungseigner und Versicherer
ISBN 978-3-8382-0261-7

2 *Michael Schulz*
Kundenzufriedenheit und Kundenbindung in der Tankstellenbranche
Eine empirische Studie am Beispiel einer Markentankstelle
ISBN 978-3-8382-0228-0

3 *Mathias Ebel*
Corporate Social Responsibility und wirtschaftlicher Erfolg
Darstellung und Diskussion ausgewählter Perspektiven der jüngeren Forschung
ISBN 978-3-8382-0296-9

Mathias Ebel

CORPORATE SOCIAL RESPONSIBILITY UND WIRTSCHAFTLICHER ERFOLG

Darstellung und Diskussion ausgewählter Perspektiven der jüngeren Forschung

BEITRÄGE ZUR ANWENDUNGSORIENTIERTEN UNTERNEHMENSFÜHRUNG
Band 3: Herausgegeben von Bernd Banke und Bernhard Seitz

ibidem-Verlag
Stuttgart

Bibliografische Information der Deutschen Nationalbibliothek
Die Deutsche Nationalbibliothek verzeichnet diese Publikation in der Deutschen Nationalbibliografie; detaillierte bibliografische Daten sind im Internet über http://dnb.d-nb.de abrufbar.

Bibliographic information published by the Deutsche Nationalbibliothek
Die Deutsche Nationalbibliothek lists this publication in the Deutsche Nationalbibliografie; detailed bibliographic data are available in the Internet at http://dnb.d-nb.de.

∞

Gedruckt auf alterungsbeständigem, säurefreien Papier
Printed on acid-free paper

ISSN: 2192-0478

ISBN-13: 978-3-8382-0296-9

Printed in Germany

Vorwort der Reihenherausgeber

Mit dieser Schriftenreihe der Europäischen Fernhochschule Hamburg haben Absolventinnen und Absolventen die Möglichkeit, auf Basis ihrer Abschlussarbeiten zu veröffentlichen und damit ihre Beiträge einer breiteren Interessentengruppe aus Praxis und Wissenschaft zur Verfügung zu stellen.

Die Ausführungen können Anregungen für die eigene Arbeit in Unternehmen bzw. in Organisationen geben; beispielsweise mit Blick auf die Einführung von Managementinstrumenten. Auch fokussierte Themenstellungen können Möglichkeiten einer Übertragung auf andere Unternehmenskontexte unter Berücksichtigung der jeweils spezifischen Gegebenheiten bieten.

Wir bedanken uns an dieser Stelle sehr herzlich bei dem Autor, den Buchherausgebern für die fachliche Betreuung und dem ***ibidem***-Verlag für die vertrauensvolle Zusammenarbeit und wünschen der Leserschaft eine anregende Lektüre.

Prof. Dr. Jörn Altmann | Prof. Dr. Ronald Deckert

Die Autoren vertreten stellenweise ihre eigene wissenschaftliche Position, die nicht zwangsläufig identisch sein muss mit derjenigen der Hochschule und derjenigen der Herausgeber.

Geleitwort

Die zurzeit in den Medien, der Wissenschaft und weiten Teilen der globalen Gesellschaft allgegenwärtige und hochaktuelle Diskussion des Themas der „Sozialen Verantwortung von Unternehmen" oder, um den international gebräuchlicheren Begriff zu benutzen, der „Corporate Social Responsibility" (CSR) ist älter als diese relativ modern anmutenden Begriffe vermuten lassen. Als Auslöser der Forschungen und Diskussionen zu diesem Thema im 20. Jahrhundert wird weithin die Publikation *„Social Responsibilities of the Businessman"* von Howard R. Bowen aus dem Jahr 1953 gesehen. Wer noch weiter in die Vergangenheit zurückgeht, findet aber Beispiele gesellschaftlicher Verantwortungsübernahme von Unternehmen schon bei den Fuggern, die in Augsburg mit der Fuggerei bereits im Jahr 1521 eine Reihenhaussiedlung mit Wohnungen für bedürftige Bürger gebaut und zur Verfügung gestellt haben. Bereits in oberitalienischen Schriften des 14. Jahrhunderts werden kaufmännische Tugenden genannt und empfohlen, die das Ansehen der Kaufleute in der Gesellschaft wahren und stärken sollten.

Daraus lässt sich unschwer ableiten, dass seit jeher ein, vielleicht häufig unausgesprochener, Konsens darüber besteht, dass Wirtschaftsunternehmen und die in ihr Tätigen gegenüber der gesamten Gesellschaft eine Verantwortung zu übernehmen haben, die über die Schaffung von Arbeitsplätzen, die Versorgung mit Dienstleistungen und Gütern und die Erzielung von Profit hinausgeht. Auf der anderen Seite müssen aber genau diese Unternehmen in einem wettbewerbsbasierten und marktwirtschaftlich organisierten Wirtschaftssystem Gewinne erzielen, um ihre Existenz sicherzustellen und auf diesem Gebiet ihre so genannte „long term licence to operate" zu erhalten.

Diese beiden Anforderungen, die einerseits eine nicht-profitorientierte Verantwortung gegenüber der Gesellschaft einfordern, andererseits aber es als existenzielle Voraussetzung postulieren, dass Unternehmen Gewinne erzielen, führen für die in der Wirtschaft Tätigen zu Dilemmasituationen, die gelöst werden müssen.

Dabei steht unabhängig von ethischen und moralischen Erwägungen fest, dass ein Unternehmen nur dann seiner gesellschaftlichen Verantwortung, seiner CSR, nachkommen kann, wenn es ausreichend Gewinne erzielt, um am Markt bestehen zu können. Anders gesagt, muss jede unternehmerische Entscheidung, auch diejenige, „Gutes" in der und für die Gesellschaft zu tun, sich daran messen lassen, ob sie zum Erhalt des Unternehmens beiträgt, also profitträchtig ist, oder das Unternehmen mindestens nicht gefährdet. Um dies beurteilen zu können, benötigt das Management Messinstrumente, die es erlauben, CSR-orientierte Entscheidungen im Hinblick auf ihren Einfluss auf den Gewinn und Verlust eines Unternehmens zu quantifizieren und zu beurteilen. Eines ist sicher: Ein insolventes Unternehmen ist handlungsunfähig und kann auch seiner gesellschaftlichen Verantwortung nicht nachkommen.

Hier setzt nun die Arbeit von Mathias Ebel an. Er stellt in dem hier vorliegenden Werk moderne Ansätze zur Messung des Einflusses CSR-orientierter Maßnahmen und Entscheidungen auf ein Unternehmen und dessen wirtschaftlichen Erfolg vor und unterzieht diese Methoden einer kritischen Würdigung. Er leistet damit einen Beitrag dazu, Führungskräften konkrete Entscheidungshilfen in Dilemmasituationen im Spannungsfeld zwischen gesellschaftlicher Verantwortung und wirtschaftlichem Erfolgszwang zu geben.

Bernd Banke & Bernhard Seitz

Management Summary

Die fortschreitende Globalisierung bedingt, dass Unternehmen einerseits zunehmend gesellschaftliche Verantwortung zugewiesen wird und sie sich andererseits in einem verschärften Wettbewerb auf Kapital- und Absatzmärkten befinden. In diesem Spannungsfeld stehen gesellschaftliche und wirtschaftliche Anforderungen scheinbar unvereinbar gegenüber. Aus dem Blickwinkel der Managementtheorien gibt es restriktive wie affirmative Standpunkte über die Beziehung zwischen wirtschaftlichem Erfolg und Corporate Social Responsibility (CSR). Als Hauptargument führen Kritiker von CSR an, dass ökonomische und gesellschaftliche Zielsetzungen auseinanderfallen. Nach dieser Logik stehen Unternehmen vor der Wahl, entweder Gewinne zu maximieren oder ihrer gesellschaftlichen Verantwortung gerecht zu werden. Die Argumente der Befürworter von CSR zielen in die entgegengesetzte Richtung. Sofern Gesellschaft und Unternehmen nicht als Gegenspieler wahrgenommen werden, lassen sich ökonomische und gesellschaftliche Zielsetzungen in Einklang bringen. Eine solche Kongruenz von wirtschaftlichem Erfolg und CSR, auch als *Business Case of CSR* bezeichnet, ermöglicht eine Vielzahl unterschiedlicher Erfolgs- oder Nutzenwirkungen, von denen Unternehmen profitieren. Mindestens seit 1972 untersucht die Wissenschaft anhand von empirischen Studien das Für und Wider dieser gegensätzlichen Standpunkte. Obwohl die durchgeführten Studien überwiegend eine positive Korrelation zwischen wirtschaftlichem Erfolg und CSR interpretieren, ist daraus kein eindeutiger Beleg für den *Business Case von CSR* ableitbar. Die Resultate der zahlreichen Studien sind letztlich zu uneinheitlich und mit zu vielen Schwächen behaftet, als dass sie als aussagekräftiger Beleg dienen könnten. Unternehmensführungen fehlt damit die Grundlage für Entscheidungen im Zusammenhang mit CSR, was Unsicherheit schafft und den Legitimationsdruck insbesondere gegenüber

Shareholdern steigert. In dieser Situation präsentieren *Orlitzky et al.* (2003), *Kurucz et al.* (2008) sowie *Schreck* (2009) drei unterschiedliche Forschungsansätze. Besonders *Schreck*, der mit seiner „methodologisch differenzierten Analyse des CSP/CFP-Links" einen von *Orlitzky et al.* skizzierten Forschungsrahmen aufgreift und weiterentwickelt, gelangt zu wegweisenden Schlussfolgerungen: Er identifiziert die seit Jahrzehnten betriebene Suche nach dem vorbehaltslosen, generellen *Business Case* als Irrweg. Ferner wird herausgearbeitet, dass wirtschaftlicher Erfolg und CSR über bestimmte, indirekt wirkende Mechanismen miteinander verbunden sind. Zwischen einzelnen dieser Mechanismen bestehen positive Korrelationen, wobei die Richtung der Kausalität nicht zweifelsfrei feststellbar ist (zieht CSR wirtschaftlichen Erfolg nach sich oder betreiben wirtschaftlich erfolgreiche Unternehmen CSR?). Diese essenziellen Schlussfolgerungen bestätigen - zumindest teilweise - die Befürworter von CSR, dienen als Grundlage für unternehmerische Entscheidungen und beinhalten zusätzlich wichtige Anstöße für zukünftige Forschungsarbeiten.

Inhalt

Abbildungsverzeichnis

Abkürzungsverzeichnis

BMAS	Bundesministerium für Arbeit und Soziales
BMJ	Bundesministerium der Justiz
CEP	Council on Economic Priorities
CFP	Corporate Financial Performance
CSP	Corporate Social Performance
CSR	Corporate Social Responsibility
DJSWI	Dow Jones Sustainability Index
EIA	Energy Information Association
EPA	Environmental Protection Agency
EPS	Earnings per Share
FRDC	Franklin Research & Development Corporation
HR	Human resources
imug	Institut für Markt-Umwelt-Gesellschaft e.V.
ISO	International Organization for Standardization
IRRC	Investor Responsibility Research Center
KLD	Kinder, Lydenberg, Domini multidimensional rating
KOM	Legislativvorschläge und sonstige Mitteilungen der Europäischen Kommission an den Rat
NACBS	National Affiliation of Concerned Business Students
NGO	Non-Governmental Organisation (Nichtregierungsorganisation)
OSHA	Occupational Safety and Health Administration
ROA	Return on Assets
ROE	Return on Equity
ROI	Return on Investment
SLEN	Sustainable Local Enterprise Network
TRI	Toxics Release Inventory
WMS	WerteManagementSystem
ZfW	Zentrum für Wirtschaftsethik

1 Einleitung

Sozial- und Umweltstandards als Teil der gesellschaftlichen Verantwortung von Unternehmen - Corporate Social Responsibility (CSR) - sind in den letzten Jahren zunehmend Gegenstand der Diskussion in Wissenschaft, Unternehmenspraxis, Politik und den Medien.[1] Die Ursachen für diesen Bedeutungszuwachs sind vielschichtig, werden aber im Wesentlichen den durch die fortschreitende Globalisierung ausgelösten Veränderungen der gesellschaftlichen und wirtschaftlichen Rahmenbedingungen zugeordnet.[2] Aus Sicht der Unternehmensführungen und Eigenkapital-Geber stellt sich häufig die Frage, ob die Übernahme gesellschaftlicher Verantwortung letztlich mit Mehrkosten einhergeht und damit eine illegitime Ressourcenverwendung bedeutet, oder ob sie eine betriebswirtschaftliche Notwendigkeit darstellt und dem ökonomischen Erfolg zuträglich ist.[3] Die Befürworter von CSR auf Seiten der Politik und Unternehmenspraxis behaupten, dass die Übernahme freiwilliger sozialer und ökologischer Verantwortung durch Unternehmen nicht nur gesellschaftlich, sondern auch ökonomisch lohnend sei.[4] Nach der EU-Kommission (2002) kann CSR einen Beitrag leisten, Europa bis zum Jahr 2010 zum „wettbewerbsfähigsten und dynamischsten wissensbasierten Wirtschaftsraum der Welt zu machen" (sogenannte Lissabon-Strategie).[5] Der deutsche Wirtschaftswissenschaftler *Klaus Schwab*, Gründer des Weltwirtschaftsforums in Davos, stellt 2002 mit Blick auf den Fall *Enron*[6] fest: „Ein auf Werte und nicht nur auf

---

[1] Vgl. *Hansen/Schrader*, 2005, S. 373

[2] Vgl. *Hansen/Schrader*, 2005, S. 377f.

[3] Vgl. *Kirchhoff*, 2006, S. 23; *Schreck*, 2009, S. 1/2

[4] Vgl. *Hansen/Schrader*, 2005, S. 374 und S. 383f.

[5] Vgl. *KOM* (Hrsg.), 2002, S. 3

[6] Der amerikanische Energiekonzern *Enron* verursachte aufgrund fortgesetzter Bilanzfälschung eine der größten Firmenpleiten seit Gründung der Vereinigten Staaten. Die Unregelmäßigkeiten wurden im Oktober 2001 bekannt. Weitere Informationen unter http://www.spiegel.de/wirtschaft/0,1518,176509,00.html

Wert ausgerichtetes Unternehmen ist wieder erwünscht, [...] Das Unternehmen muss materielle, aber auch soziale Leistungen erbringen, [...] Es ist Teil unserer Zivilgesellschaft und muss sich den wachsenden und sich wandelnden Erwartungen seiner Stakeholder anpassen."[7] Demgegenüber stehen oftmals Positionen - fälschlicherweise mit Bezug zum angelsächsischen Kapitalismus -, die Unternehmen rein zur Einkommensquelle für Eigenkapital-Geber und zur Gewinnmaximierung reduzieren. Die Kritiker von CSR beziehen sich dabei häufig direkt oder indirekt auf *Adam Smith*. Seine Metapher von der „unsichtbaren Hand" aus dem Werk „The Wealth of Nations" (1776) verdeutlicht aber, dass Gewinnstreben und Allgemeinwohl nicht auseinanderfallen: Indem jeder Einzelne, unabhängig voneinander, seinem Gewinn- und Sicherheitsinteresse folgt, werden die daraus resultierenden Handlungen in ihrer Gesamtheit „led by an invisible hand" zugunsten des allgemeinen Wohls gelenkt. Der Kern von *Smiths* Aussage liegt also darin, dass die Orientierung eines jeden Wirtschaftsakteurs am Eigennutz das Gemeinwohl fördere, und zwar mehr, als wenn er sich diesem ausdrücklich verschreiben würde. Diese Entkoppelung von Motiven und Ergebnissen wird auch in folgendem Zitat aus „The Wealth of Nations" (1776) deutlich: „Nicht von dem Wohlwollen des Fleischers, Brauers oder Bäckers erwarten wir unsere Mahlzeit, sondern von ihrer Bedachtnahme auf ihr eigenes Interesse. Wir wenden uns nicht an ihre Humanität, sondern an ihre Eigenliebe, und sprechen [sic] ihnen nie von unseren Bedürfnissen, sondern stets von ihren Vorteilen."[8]

Der *Economist* brachte am 22. Januar 2005 seine skeptische Haltung zum Thema CSR in einer 18-seitigen Sonderbeilage zum Ausdruck: „The proper business of business is business. No apology required." Diesen Argumenten liegt zumindest implizit die Annahme zugrunde, dass Gewinnstreben und soziale Verantwortung auseinanderfallen. Unternehmensführungen stehen aus dieser Perspektive

[7] Vgl. *Schwab*, 2002, S. 1
[8] Vgl. *Recktenwald*, 2009, S. 60

vor der Wahl, entweder Gewinne zu maximieren oder ihrer gesellschaftlichen Verantwortung gerecht zu werden. Infolge der eingangs erwähnten Veränderungen der gesellschaftlichen und wirtschaftlichen Rahmenbedingungen findet diese dualistische Logik - unbeschadet ihres falschen Bezugs - jedoch ihre Grenzen.[9] Heute mehren sich Anzeichen, dass die Übernahme gesellschaftlicher Verantwortung in bestimmten Fällen im Einklang mit der Gewinnerzielungsabsicht wirtschaftlich handelnder Unternehmen steht.[10] Eine solche Kongruenz von wirtschaftlichen und gesellschaftlichen Interessen firmiert in der Literatur als Hypothese des *Business Case of CSR* bzw. *CSR als Business Case*.[11] Formal korrekt beinhaltet gesellschaftliches Engagement als Win-Win-Szenario neben einem *Business Case* auch einen *Social Case*:[12] Der *Business Case* fragt nach dem Wertschöpfungsbeitrag für das engagierte Unternehmen, betrachtet also gesellschaftliche Verantwortung als Wettbewerbsfaktor. Der *Social Case* fragt nach dem Ertrag für das gesellschaftliche Umfeld.

1.1 Relevanz des Themas

Spätestens seit *Moskowitz* (1972), der eine positive Verbindung zwischen der Übernahme gesellschaftlicher Verantwortung und ökonomischem Erfolg behauptet, widmen sich zahlreiche Studien und Metastudien der Hypothese des *Business Case of CSR*.[13] Die Ergebnisse lassen sich dabei nicht auf einen gemeinsamen Nenner bringen, da sowohl positive, negative als auch neutrale Verbindungen bzw. Korrelationen festgestellt wurden.[14] Diese Umstände schaffen Unsicherheit und steigern den Legitimationsdruck der Un-

---

[9] Vgl. *Schreck*, 2009, S. 57

[10] Vgl. *Schreck*, 2009, S. 57; *Münstermann*, 2007, S. 33

[11] Vgl. *KOM* (Hrsg.), 2002, S. 8 und S. 20; *Kurucz et al.*, 2008, S. 84

[12] Vgl. *Habisch*, 2006b, S. 81

[13] Vgl. *Promberger/Spiess*, 2006, S. 34

[14] Vgl. *Hansen/Schrader*, 2005, S. 384; *Matten/Palazzo*, 2008, S. 56

ternehmensführungen insbesondere gegenüber Eigenkapital-Gebern. Für *Kirchhoff* (2006) grenzt es sogar an Untreue, wenn Unternehmen CSR ohne einen „direkten kommunikativen oder wirtschaftlichen Bezug zum Unternehmen" betreiben.[15] *Kirchhoffs* Aussage verdeutlicht, welche Tragweite eine aussagekräftige Bestätigung des *Business Case of CSR* für die Unternehmenspraxis hätte. Unternehmensführungen wären fortan in der Lage, die durch CSR verursachten Mehrkosten nicht nur aufgrund ihrer „moralischen Qualität", sondern auch mit Bezug auf ihren ökonomischen Erfolg zu rechtfertigen.[16] Solange aber die Behauptung vom wirtschaftlichen Nutzen nicht empirisch untermauert ist, kann sie nicht Grundlage für unternehmerische Entscheidungen sein. *Promberger/Spiess* (2006) konstatieren mit Bezug auf die Widersprüchlichkeit der Forschungsergebnisse: „Unternehmer oder Manager benötigen eine klare Linie oder mindestens eine erkennbare und nachvollziehbare Tendenz, um sich dementsprechend zu positionieren und ihre Entscheidungen auch empirisch untermauern zu können."[17] Auch die EU-Kommission (2001) sieht Forschungsbedarf darin, „[...] die Kenntnis der Auswirkungen der sozialen Verantwortung der Unternehmen auf die Unternehmensleistung zu vertiefen und zu erweitern [...]".[18] In einer Kommissions-Mitteilung aus dem Jahr 2002 werden konkret Defizite im „Wissen über die Beziehung zwischen CSR und Unternehmensperformance (der Business Case)" bemängelt, die einer weiteren Verbreitung von CSR entgegenstehen.[19]

1.2 Ziel und Aufbau der Studie

Das Ziel und die Zielgruppe dieser Studie lassen sich direkt aus den vorstehend genannten Umständen bzw. Wissensdefiziten ableiten.

---

15 Vgl. *Kirchhoff*, 2006, S. 23
16 Vgl. *Schreck*, 2009, S. 2
17 Vgl. *Promberger/Spiess*, 2006, S. 76
18 Vgl. *KOM* (Hrsg.), 2001, S. 9
19 Vgl. *KOM* (Hrsg.), 2002, S. 8

Unternehmensleitungen werden zum einen Antworten auf die Fragestellungen gegeben, ob und welche Rückschlüsse aus den vorhandenen Forschungsresultaten über die Beziehung zwischen wirtschaftlichem Erfolg und CSR gezogen werden können. Zum anderen zielt diese Studie darauf ab, Mechanismen zu analysieren, die zwischen der Übernahme gesellschaftlicher Verantwortung einerseits und ökonomischem Erfolg andererseits wirken. Dies korrespondiert mit einer von *Hansen/Schrader* (2005) aufgeworfenen Fragestellung: „Zukünftig geht es weniger darum zu klären, ob CSR ein Erfolgsfaktor sein kann, sondern unter welchen Voraussetzungen."[20] Die Synthese aller Antworten mündet schließlich in einem Klärungsversuch auf die für Wissenschaft und Unternehmenspraxis essenzielle Frage: Gibt es einen empirischen Beweis für die Verbindung von gesellschaftlicher Verantwortung und finanziellem Unternehmenserfolg und gilt diese Korrelation so uneingeschränkt, wie es der *Business Case of CSR* impliziert?

Den Ausgangspunkt einer wissenschaftlichen Auseinandersetzung über die Beziehung zwischen wirtschaftlichem Erfolg und CSR bildet die Bezugnahme auf eine in sich schlüssige und anschlussfähige Begriffssystematik, die im Idealfall auf allgemein anerkannten Definitionen beruht. Im ersten Kapitel werden die zentralen Begriffe Corporate Social Responsibility (CSR), Corporate Social Performance (CSP), Corporate Financial Performance (CFP) und *Business Case* bestimmt bzw. definiert. Das zweite Kapitel widmet sich den konzeptionellen Grundlagen der Untersuchungen über die Beziehung zwischen wirtschaftlichem Erfolg und CSR: Die Übernahme freiwilliger sozialer und ökologischer Verantwortung im Spannungsfeld aus gesellschaftlichen und wirtschaftlichen Anforderungen sowie das Für und Wider aus dem Blickwinkel der Managementtheorien. Im dritten Kapitel werden die konzeptionellen Grundlagen der empirischen Forschung zur Hypothese des *Business Case of CSR*

[20] Vgl. *Hansen/Schrader*, 2005, S. 384/385

beleuchtet: Mit welchen Messmethoden bzw. Messkonstrukten analysiert die Wissenschaft mindestens seit 1972 die Beziehung zwischen wirtschaftlichem Erfolg und CSR? Welche Forschungsresultate wurden dabei erzielt und mit welcher Aussagekraft? Das vierte Kapitel beschäftigt sich mit drei unterschiedlichen Forschungsansätzen auf Basis des im dritten Kapitel dargestellten Forschungsstands: Die „psychometrische Meta-Analyse" von *Orlitzky et al.* (2003), der „‚bessere Business Case jenseits rein ökonomischer Konzepte" von *Kurucz et al.* (2008) sowie die „methodologisch differenzierte Analyse des CSP/CFP-Links" von *Schreck* (2009). Diese drei Forschungsansätze werden im fünften Kapitel hinsichtlich der eingangs dargestellten zentralen Fragestellungen dieser Studie diskutiert. Den Abschluss bildet ein Ausblick, in welche Richtung sich die Forschung über die Beziehung zwischen wirtschaftlichem Erfolg und CSR entwickeln könnte.

1.3 Bestimmung zentraler Begriffe

1.3.1 Corporate Social Responsibility (CSR)

Schreck (2009) beschreibt CSR mit Bezug auf philosophische Literaturquellen über Verantwortung als multi-relationales Konzept mit vier Elementen: „A *company* (subject/carrier) is held *morally* (normative standard) responsible *for something* (object) *by somebody* (authority)."[21] Beim ersten Element, dem Subjekt bzw. Träger der Verantwortung, ist der klare Bezug auf Unternehmen eindeutig. Ähnlich verhält es sich beim zweiten Element, dem normativen Standard. Gesetze, soziale Rollen und Moralvorstellungen dienen als drei wesentliche Kriterien von Verantwortung.[22] Beim dritten und vierten Element, dem Objekt der Verantwortung und der Autorität bzw. „Zuweisungsinstanz", sind exakte Definitionen ungleich

[21] Vgl. *Schreck*, 2009, S. 7

[22] Vgl. *Schreck*, 2009, S. 7

schwieriger. Diese Elemente werden daher im Folgenden kurz beschrieben.

Das Objekt der Verantwortung: Für was werden Unternehmen verantwortlich gemacht?

Im Unterschied zu normativen Diskussionen über Verantwortung ist für das deskriptive Konzept von CSR kennzeichnend, dass eine kausale Verbindung zwischen der Handlung eines Subjekts und der ihr dafür zugewiesenen Verantwortung nicht zwangsläufig gegeben sein muss: „[...] persons and institutions do not necessarily bear responsibility *per se*, but they are *held responsible*. As a matter of fact, society *de facto* places social responsibilities on companies even in cases where they undoubtedly did not cause the problems in question [...]"[23] Diese Zuschreibungen von Verantwortlichkeiten resultieren nicht aus der Rolle eines Unternehmens als Verursacher von Problemen (kausale Beziehung), sondern in seiner Fähigkeit, bereits bestehende Probleme zu lösen. Die „kausale Verantwortlichkeit" für ein existierendes Problem ist damit weder Notwendigkeit noch hinreichende Bedingung für die gegenwärtige Zuweisung von Verantwortlichkeiten.[24]

Die Autorität bzw. „Zuweisungsinstanz" von Verantwortung: Von wem werden Unternehmen verantwortlich gemacht?

Eng verbunden mit der Frage, für was Unternehmen verantwortlich gemacht werden (das Objekt der Verantwortung), ist die Frage nach der Autorität bzw. „Zuweisungsinstanz" von Verantwortung. Das auf *Freeman* (1984) zurückgehende Stakeholder-Modell liefert einen bis heute weit verbreiteten heuristischen Ansatz zur Erfassung, Segmentierung und Analyse von Stakeholder-Gruppen.[25] *Freeman* definiert Stakeholder als „any group or individual who can

[23] Vgl. *Schreck*, 2009, S. 8
[24] Vgl. *Schreck*, 2009, S. 8
[25] Vgl. *Münstermann*, 2007, S. 84

affect or is affected by the achievement of the organization's objectives".[26] Diese Definition verdeutlicht, dass Unternehmen mit einer Vielzahl an unterschiedlichen Interessengruppen (im weiteren Sinne) bzw. Anspruchsgruppen (im engeren Sinne) konfrontiert werden.[27] *Johnson* (1971) bezeichnet CSR daher als die Herausforderung des „Managements einer Vielfalt von Interessen".[28]

Neben der vorstehend genannten Definition von CSR als multirelationales Konzept (*Schreck*, 2009) gibt es zahlreiche weitere Begriffsbestimmungen bzw. Auslegungsvarianten, insbesondere im angloamerikanischen Raum. *Carrolls* (2007) Definition spezifiziert vier verschiedene, aber miteinander verknüpfte Verantwortlichkeiten, die Unternehmen gegenüber der Gesellschaft inne haben: „A more comprehensive definition of CSR is that it encompasses the economic, legal, ethical, and discretionary or philanthropic expectations that society has of organisations at a given point in time."[29] *Carroll* referenziert damit auf sein 1970 veröffentlichtes „Four-Part-Model". Danach gliedert sich die Verantwortung von Unternehmen in vier Ebenen (Abb. 1).

---

[26] Vgl. *Freeman*, 1984, S. 46

[27] Vgl. *Münstermann*, 2007, S. 84
Als Stakeholder werden beispielsweise Beschäftigte, Kunden, Lieferanten, Shareholder, die Gesellschaft, innerhalb derer das Unternehmen operiert, Regierungen und Nichtregierungsorganisationen (NGOs) bezeichnet. Obgleich das Stakeholder-Modell von *Freeman* geeignet ist, die divergierenden Interessen und Ansprüche der Stakeholder zu erfassen, erweist sich eine trennscharfe Segmentierung vielfach als schwierig. Die Struktur ist durch Überschneidungen, Interdependenzen und Konflikte zwischen den Stakeholder-Gruppen gekennzeichnet: „Ein Mitarbeiter bspw. kann zugleich auch Kunde des Unternehmens sowie auch Anwohner oder Aktionär des Unternehmens sein, so dass intrapersonelle Rollenüberschneidungen zu berücksichtigen sind." (Vgl. *Münstermann*, 2007, S. 84/85)

[28] Vgl. *Johnson*, 1971, S. 51

[29] Vgl. *Carroll*, 2007, S. 123

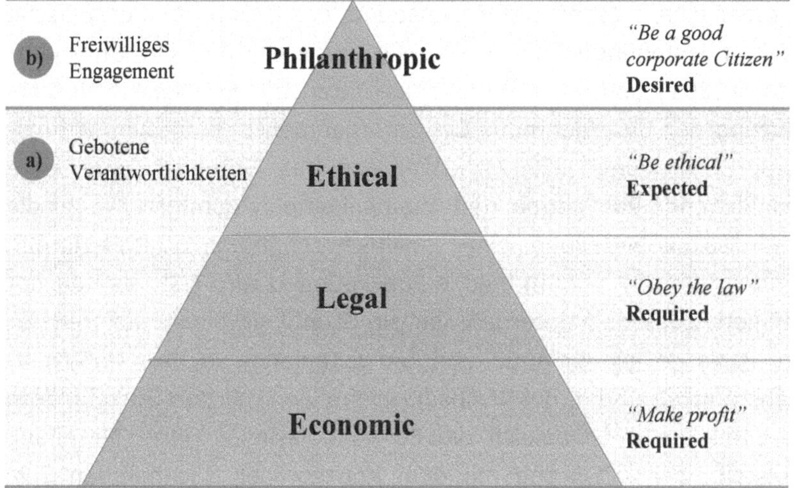

Abbildung 1: Das „Four-Part-Model" von *Carroll* (1970)[30]

Die Grundlage unternehmerischen Handelns beinhaltet das Erzielen von ökonomischem Erfolg (Ebene 1) sowie das Einhalten von gesetzlichen Anforderungen (Ebene 2). Als dritte Ebene weist *Carroll* Unternehmen eine ethische Verantwortung zu, sich über die Gesetzeskonformität hinaus korrekt zu verhalten. Die vierte Ebene entspricht den Erwartungen der Stakeholder nach gesellschaftlichem Engagement von Unternehmen, die Philanthropie[31].

Auf europäischer Ebene hat das Konzept CSR durch die Interpretationen der Europäischen Kommission eine konstituierende Bedeutung erlangt.

1.3.2 Die europäische Begriffssystematik für CSR

Der in der Einleitung erwähnten Lissabon-Strategie aus dem Jahr 2000 folgten zwei für die Definition des Konzepts Corporate Social

[30] Eigene Darstellung in Anlehnung an *Kleinfeld/Schnurr*, 2010, S. 293

[31] Als Philanthropie werden private freiwillige Handlungen bezeichnet, die einem gemeinnützigen Zweck dienen. Synonym wird oftmals der Begriff Wohltätigkeit verwendet.

Responsibility wesentliche Meilensteine, das Grünbuch „Europäische Rahmenbedingungen für die soziale Verantwortung der Unternehmen" (2001) und die Kommissions-Mitteilung „Die soziale Verantwortung der Unternehmen: Ein Unternehmensbeitrag zur Nachhaltigen Entwicklung" (2002).[32] Während das Grünbuch eine erste grundlegende Publikation zum Themenkomplex darstellt, nimmt die Kommissions-Mitteilung eine inhaltlich-definitorische Präzisierung des Begriffs CSR vor. In beiden Publikationen wird CSR als Konzept definiert, „das den Unternehmen als Grundlage dient, auf freiwilliger Basis soziale Belange und Umweltbelange in ihre Unternehmenstätigkeit und in die Wechselbeziehungen mit den Stakeholdern zu integrieren."[33] Obgleich die EU-Kommission in ihrer Mitteilung feststellt, dass CSR eng mit dem Konzept der Nachhaltigen Entwicklung im Sinne der Agenda 21 verknüpft ist, beschränkt sich dieser Ansatz auf zwei der drei Nachhaltigkeitsdimensionen.[34] Die Wirtschaftlichkeit von Unternehmen, die im Konzept der Nachhaltigen Entwicklung im Einklang mit ökologischen und sozialen Zielsetzungen steht, wird als Rand- oder Nebenbedingung vorausgesetzt.[35] Wenngleich das europäische CSR-Konzept zumindest explizit keine ökonomische Zielsetzung enthält, ist dem Ansatz dennoch eine finanzielle Dimension inhärent: „Die ökonomische Komponente von CSR besteht in der gezielten Entwicklung von ökologischen und sozialen Maßnahmen, die für das Unternehmen wirtschaftlich vor-

---

[32] Vgl. *KOM* (Hrsg.), 2001; *KOM* (Hrsg.), 2002

[33] Vgl. *KOM* (Hrsg.), 2001, S. 8; *KOM* (Hrsg.), 2002, S. 5

[34] Der der sogenannte „Brundtland-Bericht" (1987) definiert eine Entwicklung als nachhaltig, „wenn sie die Bedürfnisse der Gegenwart befriedigt, ohne zu riskieren, dass künftige Generationen ihre eigenen Bedürfnisse nicht befriedigen können." (Vgl. *Hauff*, 1987, S. 46) Auf der abschließenden Deklaration des Weltgipfels von Rio de Janeiro (1992), der sogenannte Agenda 21, wurde der „Brundtland-Bericht" dahingehend präzisiert, dass Nachhaltigkeit ökonomische, ökologische und soziale Zielsetzungen langfristig in Einklang bringt (Drei-Dimensionen-Modell). (Vgl. *Schäfer/Lindenmayer*, 2005, S. 10/11)

[35] Vgl. *Schäfer/Lindenmayer*, 2005, S. 19; *Münstermann*, 2007, S. 15

teilhaft sind. Mit CSR sollen diese Win-Win-Lösungen erschlossen werden, um sowohl die Wettbewerbsfähigkeit des Unternehmens zu steigern als auch gleichzeitig zu einer nachhaltigen Entwicklung beizutragen."[36]

1.3.3 Corporate Social Performance (CSP)

Teilweise als Antwort auf die dem Konzept CSR inhärenten Probleme änderte die Wissenschaft ihren Ansatz. Sie definierte CSR als Rahmenkonzept, innerhalb dessen Praktiken gesellschaftlicher Verantwortung analysiert werden können.[37] Im Einklang mit dieser Entwicklung wanderte der Mittelpunkt des Interesses hin zur Untersuchung, wie Unternehmen auf die zugewiesenen Verantwortlichkeiten reagieren und fokussierte sich damit auf Prozesse und Resultate: „Corporate Social Performance (CSP) [...] refers to the company's response to the assigned responsibilities. It concerns the extent to which - judged from an external point of view - the firm meets the expectations related to these responsibilities."[38] Diese Reaktion wurde damals als Corporate Social Performance (CSP) bezeichnet.[39] *Carroll* (1979) präsentierte sein CSP-Modell zuerst, das drei Dimensionen beinhaltet: Kategorien gesellschaftlicher Verantwortung (Definitionen oder Prinzipien von CSR)[40], involvierte Handlungs- oder Themenfelder (beispielsweise die natürliche Umwelt oder Produktsicherheit) sowie Philosophie gesellschaftlicher Empfindlichkeit (Reaktionsmuster auf die Zuweisung von Verantwortlichkeiten). *Carrolls* Modell diente als Ausgangsbasis für verschiedene nachfolgende Definitionen und analytische Rahmenkonzepte von CSP. Im Folgenden wird CSP synonym für die von *Wood* (1991)

---

36 Vgl. *Loew et al.*, 2004, S. 19

37 Vgl. *Schreck*, 2009, S. 13

38 Vgl. *Schreck*, 2009, S. 17

39 Vgl. *Schreck*, 2009, S. 13

40 Auch für diese Definitionen oder Prinzipien gilt die in Kapitel 1.3.1 aufgeworfene Problematik: Was genau gesellschaftliche Verantwortung ausmacht, bleibt unklar.

entwickelte Definition verwendet: „[...] a business organization's configuration of principles of social responsibility, processes of social responsiveness, and policies, programs, and observable outcomes as they relate to the firm's societal relationships.“[41]

1.3.4 Corporate Financial Performance (CFP)

Im Gegensatz zur gesellschaftlichen Performance scheint die Bewertung der finanziellen Performance ein relativ klarer Prozess zu sein. *Price/Mueller* (1986) und *Venkatraman/Ramanujam* (1986) definieren CFP als „[...] a company's financial viability, or the extent to which a company achieves its economic goals.“[42] Wissenschaft und Unternehmenspraxis stehen drei verschiedene Bewertungsansätze zur Verfügung: Marktbasierte Bewertung, buchhaltungsbasierte Bewertung und Bewertung nach wahrgenommenen Faktoren.[43] Der Unternehmenswert oder Unternehmenswertzuwachs wird herangezogen, wenn es sich um marktbasierte Messungen handelt. Rentabilitätskennzahlen wie etwa die Eigenkapitalrentabilität, Umsatzrendite oder der Return on Investment (ROI) sind für buchhaltungsbasierte Bewertungen kennzeichnend. Bei der Bewertung nach wahrgenommenen Faktoren werden subjektive Einschätzungen abgegeben, beispielsweise über die Stabilität der finanziellen Unternehmenssituation oder über den vernünftigen Umgang mit Vermögensgegenständen.

1.3.5 Der *Business Case von CSR*

Kurucz et al. (2008) definieren einen *Business Case* mit Bezug auf Fachtermini aus der Unternehmenspraxis als „[...] a pitch for investment in a project or initiative that promises to yield a suitably significant return to justify the expenditure.“[44] Während diese Be-

---

[41] Vgl. *Wood*, 1991, S. 693
[42] Vgl. *Venkatraman/Ramanujam*, 1986, in: *Orlitzky et al.*, 2003, S. 411
[43] Vgl. *Orlitzky et al.*, S. 407/408; *Promberger/Spiess*, 2006, S. 65f.
[44] Vgl. *Kurucz et al.*, 2008, S. 84

griffsbestimmung ausschließlich auf das Unternehmen referenziert, kommt beim *Business Case von CSR* die Gesellschaft bzw. der gesellschaftliche Nutzen hinzu: „[...] can perform better financially by attending not only to its core business operations, but also to its responsibilities toward creating a better society."[45] Ein Win-Win-Szenario aus ökonomischen und gesellschaftlichen Nutzenwirkungen sieht auch *Caroll*: „The business case embraces arguments or rationales as to why businesspeople believe these concepts bring distinct benefits or advantages to companies specifically, and the business community generally."[46] Mit dem *Business Case von CSR* eng verbunden ist außerdem der auf die sogenannte *Good Management Theory* zurückgehende Ausspruch „do well by doing good" („Tue Gutes und profitiere davon").[47] Die *Good Management Theory* unterstellt, dass gesellschaftliches Engagement in der Folge zu ökonomischem Erfolg führt, beispielsweise durch ein verbessertes Unternehmensimage oder erleichterten Kapitalzugang.[48] Im Folgenden wird der Begriff *Business Case* synonym mit der o.g. Interpretation von *Kurucz et al.* (2008) bzw. *Caroll* (2007) verwendet, d.h. dem Einklang aus ökonomischen und gesellschaftlichen Zielsetzungen. Es wird gezeigt werden, dass auf den *Business Case* als Win-Win-Szenario zahlreiche Autoren referenzieren.[49]

1.3.6 Moderatorvariablen

Moderatorvariablen beeinflussen und verändern die Wirkung bzw. den Effekt einer unabhängigen Variable (UV) auf eine abhängige Variable (AV). Die Moderatorvariable zählt zu den Kovariablen, d.h. sie ist nicht Bestandteil der Untersuchungshypothese, beeinflusst

---

[45] Vgl. *Kurucz et al.*, 2008, S. 84

[46] Vgl. *Carroll*, 2007, S. 127

[47] Vgl. *Promberger/Spiess*, 2006, S. 36

[48] Vgl. *Waddock/Graves*, 1997, S. 306f.

[49] Vgl. *Porter/Kramer*, 2006, S. 2; *Münstermann*, 2007, S. 80f.; *Homann/Blome-Drees*, 1992, S. 132f.; *Ulrich*, 1998, S. 418f.; *Habisch et al.*, 2008, S. S. 13

aber dennoch die abhängige Variable. Sofern der Einfluss der Moderatorvariablen nicht berücksichtigt wird, würde dies den Zusammenhang zwischen UV und AV verzerrt darstellen.

Im konkreten Fall geht es um Variablen oder Effekte, welche die Korrelation der Faktoren CSP und CFP beeinflussen (Abb. 2). Es wird gezeigt werden, dass u.a. die Moderatorvariable *Sichtbarkeit bzw. Präsenz* (im Sinne von Unternehmensgröße) auf die Verbindung von CSP und CFP wirkt.

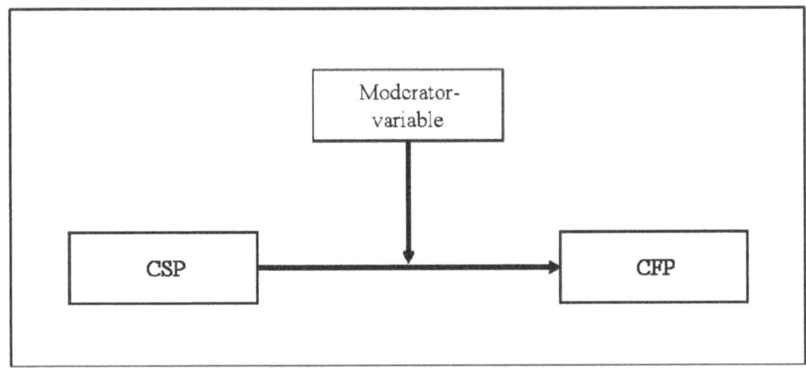

Abbildung 2: Die Wirkung von Moderatorvariablen[50]

1.3.7 Mediatorvariablen

Mediatorvariablen vermitteln die Wirkung bzw. den Effekt einer unabhängigen Variable (UV) auf eine abhängige Variable (AV). Die Mediatorvariable zählt wie die Moderatorvariable zu den Kovariablen, d.h. sie ist nicht Bestandteil der Untersuchungshypothese, beeinflusst aber dennoch die abhängige Variable. Sofern der Einfluss der Mediatorvariablen nicht berücksichtigt wird, würde dies den Zusammenhang zwischen UV und AV aufheben.

Im konkreten Fall geht es um Variablen oder Kausaleffekte, über welche die Faktoren CSP und CFP miteinander verknüpft sind

---

[50] Eigene Darstellung in Anlehnung an *Müller*, 2007, S. 247

(Abb. 3). Es wird gezeigt werden, dass die gesellschaftliche Performance zunächst einen Effekt u.a. auf die Mediatorvariable *Reputation* bewirkt, bevor diese die finanzielle Performance beeinflusst. Reputationseffekte können sich in der Durchsetzbarkeit von Premiumpreisen und verminderten Kapitalkosten wirtschaftlich bemerkbar machen. Die Abbildung verdeutlicht sehr anschaulich, dass Mediatorvariablen eine Vermittlerrolle zwischen den Faktoren CSP und CFP einnehmen.

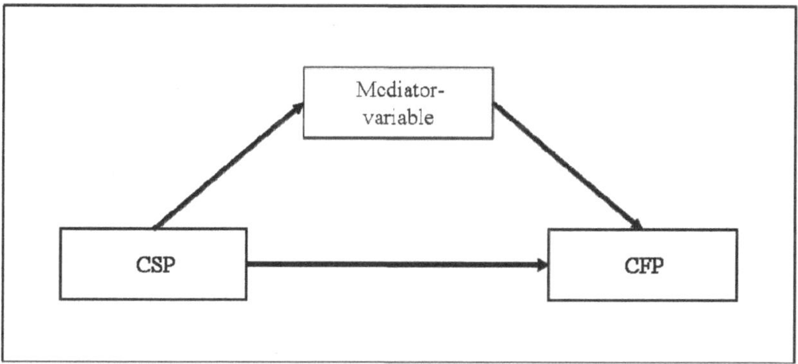

Abbildung 3: Die Wirkung von Mediatorvariablen[51]

[51] Eigene Darstellung in Anlehnung an *Müller*, 2007, S. 254

2 Konzeptionelle Grundlagen der Untersuchungen über die Beziehung zwischen wirtschaftlichem Erfolg und CSR

Nachdem im ersten Kapitel die für das allgemeine Verständnis dieser Studie zentralen Begriffe bestimmt bzw. definiert worden sind, geht das zweite Kapitel den Fragen nach, weshalb Unternehmen vermehrt gesellschaftliche Verantwortung zugewiesen wird und welche ökonomischen Rahmenbedingungen sie dabei zu berücksichtigen haben. Als Teil der konzeptionellen Grundlagen beleuchtet das zweite Kapitel darüber hinaus die gegensätzlichen Standpunkte über die Verbindung von CSP und CFP aus dem Blickwinkel der Managementtheorien.

2.1 Anforderungen aus dem wirtschaftlichen und gesellschaftlichen Unternehmensumfeld

Zahlreiche Autoren machen für den Bedeutungszuwachs von CSR die fortschreitende Globalisierung verantwortlich, die sich insbesondere in der gestiegenen Erwartungshaltung wichtiger Stakeholder-Gruppen äußert.[52] Je nach Blickwinkel werden als Rahmenbedingungen die abnehmende Regulierungsfähigkeit der Nationalstaaten, bessere Informations- und Sanktionsmöglichkeiten der Stakeholder oder der verschärfte Wettbewerb auf Kapital- und Absatzmärkten genannt. Auch *Hansen/Schrader* (2005) sehen die Globalisierung als Auslöser für den Verantwortungszuwachs der Unternehmen. Sie betrachten die veränderten gesellschaftlichen und wirtschaftlichen Rahmenbedingungen aus der Perspektive einer verschobenen Machtarithmetik zwischen den Sektoren Wirtschaft, Gesellschaft und Staat. Auf dieser Logik aufbauend wird im Folgenden das öffentliche Interesse am Themenkomplex CSR erläutert.

---

[52] Vgl. *Leisinger*, 2008, S. 27; *Münstermann*, 2007, S. 3; *Habisch et al.*, 2008, S. 6

Bereits seit Ende der 1970er Jahre erodiert das klassische europäische Verständnis, demzufolge der Politik bzw. dem Staat das Primat gegenüber der Wirtschaft zusteht.[53] Überwiegend defizitäre Haushalte mit einem hohen Anteil feststehender Ausgaben haben den Spielraum für politische Interventionen verkleinert. In Zeiten großer internationaler Kapitalmobilität sind zudem die rechtlichen Gestaltungsmöglichkeiten der Nationalstaaten gesunken. Während die Gesetzgebung und Rechtsdurchsetzung überwiegend auf nationale Territorien beschränkt bleiben, agieren Unternehmen grenzüberschreitend.[54] Im Wettbewerb um ökonomische Standortbedingungen sehen die Nationalstaaten ihren Interventionsschwerpunkt darin, dem international mobilen Kapital ein möglichst profitables Investitionsumfeld zu schaffen.[55]

Dem Bedeutungsverlust der Nationalstaaten steht ein Machtzuwachs des privatwirtschaftlichen Sektors gegenüber. Zum einen können sich Unternehmen durch die Möglichkeit, ihr Kapital weltweit einzusetzen, dem Einfluss einzelner Staaten entziehen. Zum anderen ist der Machtzuwachs multinationaler Konzerne bzw. multinationaler Unternehmensallianzen schlicht ihrer Größe geschuldet.[56] Durch Umsatzerlöse, welche oftmals die Bruttoinlandsprodukte einzelner Nationalstaaten übertreffen, verfügen sie über bedeutende Ressourcen und Fähigkeiten zur Lösung drängender gesellschaftlicher Probleme.[57] Während Unternehmen durch die Globalisierung einerseits an Machtpotenzial gewinnen, sind sie andererseits einem verschärften Wettbewerb auf Absatz- und Kapitalmärkten ausgesetzt.[58] Auf Absatzmärkten konkurrieren sie mit internationalen Wettbewerbern, die beispielsweise aufgrund ihrer niedrige-

---

53 Vgl. *BMAS* (Hrsg.), 2008, S. 19

54 Vgl. *BMAS* (Hrsg.), 2008, S. 20

55 Vgl. *Hansen/Schrader*, 2005, S. 377

56 Vgl. *Hansen/Schrader*, 2005, S. 378

57 Vgl. *Habisch et al.*, 2008, S. 6/7

58 Vgl. *Habisch et al.*, 2008, S. 6

ren Lohnkosten über erhebliche Wettbewerbsvorteile verfügen. Demgegenüber erwarten die Anleger und Investoren der Kapitalmärkte eine im Vergleich zu Investitionsalternativen angemessene Rendite.

In Anbetracht dieser verschobenen Machtarithmetik zwischen Wirtschaft und Staat haben sich die Einstellungen und Erwartungen der Gesellschaft gegenüber dem privatwirtschaftlichen Sektor geändert.[59] Dem „realen oder vermeintlichen" Zuwachs an gesellschaftlicher Steuerungs- und Regelsetzungskompetenz bei den Wirtschaftsakteuren „[...] entspricht eine Progression in der Zurechnung von moralischer Verantwortung auf Unternehmen durch die Gesellschaft."[60] Für *Ulrich* (1998) gewinnen Unternehmen als „Ort der Moral des Wirtschaftens" an Gewicht.[61] Mit diesen Zurechnungen bzw. Zuschreibungen moralischer Verantwortung wächst auf einer *institutionellen Ebene* die Anzahl und Bedeutung von lokalen und internationalen Interessenvereinigungen und Nichtregierungsorganisationen (NGOs). Sie beleuchten die Rolle von Unternehmen in verschiedenen gesellschaftlichen Zusammenhängen, üben Kritik oder bieten ihr Know-how für Kooperationen an. Ihre Aktivitäten werden entweder durch die Medien verstärkt oder verbreiten sich über das Internet, das für die verschiedenen Stakeholder-Gruppen eine wesentliche Kontroll- und Informationsfunktion besitzt.[62] Auf einer *individuellen Ebene* ziehen gesellschaftlich sanktionierte „Fehltritte", beispielsweise der Rückgriff auf Kinderarbeit oder Korruption, nicht selten Konsumentenboykotte nach sich. So führte die „Bespitzelungsaffäre" von *Lidl* aus dem Jahr 2008 nicht nur zu einer

---

[59] Vgl. *Hansen/Schrader*, 2005, S. 378

[60] Vgl. *Wieland*, 2007, S. 22

[61] Vgl. *Ulrich*, 1998, S. 391

[62] Vgl. *Habisch et al.*, 2008, S. 7

negativen Berichterstattung, sondern hatte auch signifikante Umsatzeinbußen zur Folge.[63]

Aus Sicht der Unternehmen führen die Veränderungen der gesellschaftlichen und wirtschaftlichen Rahmenbedingungen zu einer Dilemmasituation.[64] Einerseits sehen sie sich durch die wirtschaftlichen Rahmenbedingungen veranlasst, ihre Geschäftstätigkeit mehr denn je auf das Kerngeschäft zu fokussieren, Investitionsentscheidungen vornehmlich unter Rentabilitätsgesichtspunkten zu treffen und unrentable Tätigkeiten einzustellen. Damit wäre es aus rein wirtschaftlicher Sicht erforderlich, ihr gesellschaftliches Engagement zu kürzen oder vollständig einzustellen, zumal sich Kalkulation und Nachweis der finanziellen Auswirkungen sehr schwierig gestalten.[65] Andererseits verlangt das gesellschaftliche Umfeld eher eine Erweiterung und Intensivierung solcher Aktivitäten. *Leisinger* (2008) konstatiert: „Es gibt kaum ein ökologisches, soziales, menschenrechtliches oder politisches Problem, aus dessen Existenz nicht irgendwelche Anspruchsgruppen auch Forderungen an Unternehmen ableiten."[66] Für *Wieland* (2007) reicht „das Spektrum der zeitgenössischen öffentlichen Diskussion über die reale oder vermutete globale Gestaltungskompetenz von Unternehmen [...] von der Verhinderung globaler Katastrophen bis zur Übernahme supranationa-

---

63 *Lidl* ließ in den Jahren 2006 und 2007 die Verhaltensweisen von Angestellten mit Hilfe von Miniaturkameras überwachen. Weitere Informationen unter: http://www.lebensmittelpraxis.de/index.php?option=com_content&task=view&id=2487&Itemid=135.
Steinmann/Löhr (1994) haben in empirischen Untersuchungen „allgemeine Befunde" identifiziert, die unethisches Handeln in Unternehmen begründen: Systemzwänge, organisationsbedingte Restriktionen (Barrieren der Organisationsstruktur und Organisationskultur) sowie die Moral von Managern (Verbreitung opportunistischer Grundorientierungen, typische unternehmerische Bewusstseinslagen, typische Handlungsweisen). (Vgl. *Steinmann/Löhr*, 1994, S. 27ff.)

64 Vgl. *Habisch et al.*, 2008, S. 7

65 Vgl. *Habisch et al.*, 2008, S. 8

66 Vgl. *Leisinger*, 2008, S. 28

ler und nationalstaatlicher Aufgaben, von der Sozialisierung von Personen bis zur Produktion von Sinn."[67] Vergleichbar mit dieser Dilemmasituation beschreibt *Münstermann* (2007) den erhöhten gesellschaftlichen und wirtschaftlichen Druck als eine Verschiebung von Mindestschwellen (Abb. 4).[68]

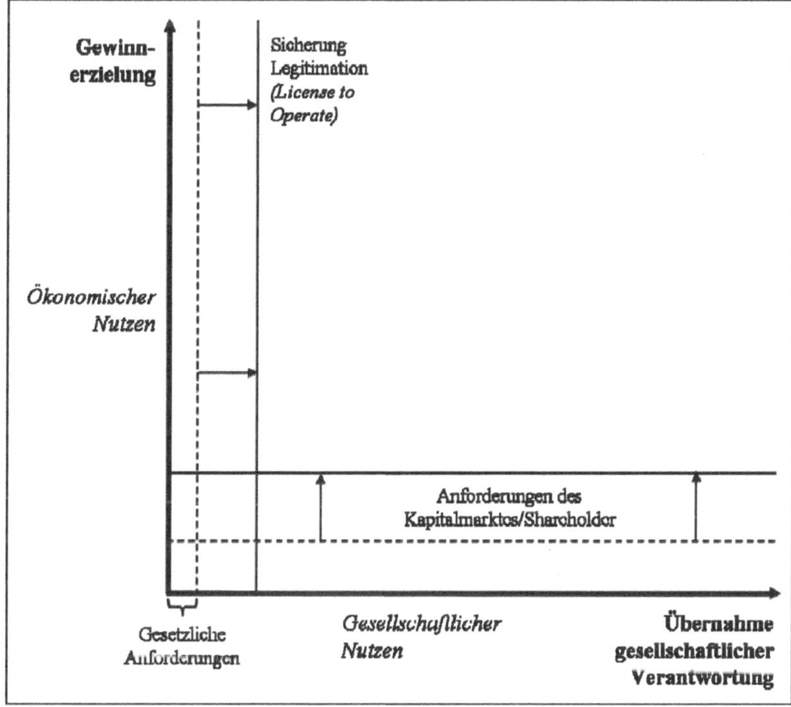

Abbildung 4: Die Verschiebung der Mindestschwellen[69]

---

[67] Vgl. *Wieland*, 2007, S. 43/44
Wie bereits dargelegt resultieren diese Zuschreibungen von Verantwortlichkeiten nicht aus der Rolle eines Unternehmens als Verursacher von Problemen (kausale Beziehung), sondern in seiner Fähigkeit, bereits bestehende Probleme zu lösen (vgl. Kapitel 1.3.1).

[68] Vgl. *Münstermann*, 2007, S. 81

[69] Eigene Darstellung in Anlehnung an *Münstermann*, 2007, S. 80

Die Abbildung 4 verdeutlicht sehr schön, dass für die gesellschaftliche Akzeptanz unternehmerischen Handelns - die sogenannte *License to Operate* - das Einhalten von gesetzlichen Anforderungen nicht mehr ausreichend ist: „Die Einhaltung von Gesetzen stellt das ethische Minimum dar, Legalität aber bedeutet nicht immer Legitimität."[70] *Leisinger* (2008) bezieht sich damit auf „unfaire Arbeitsbedingungen, schädliche Umweltstandards oder ‚Kollateralschäden' an den Menschenrechten", die nach der Gesetzgebung bestimmter Nationalstaaten legal sind. Analog zu den Ansprüchen der Stakeholder sind auch die Ansprüche der Anleger und Investoren, die sogenannten Shareholder, gestiegen. Die Mindestschwelle für eine aus Sicht der Kapitalmärkte angemessene Rendite verschiebt sich somit vertikal (Abb. 3).

2.2 Die Beziehung zwischen wirtschaftlichem Erfolg und CSR im Spiegel der Managementtheorien

Bereits seit den 1960er Jahren ist die wissenschaftliche und unternehmenspraktische Auseinandersetzung über den wirtschaftlichen Erfolg von CSR im Gange.[71] Im Folgenden werden restriktive wie affirmative Standpunkte mit Bezug zur zentralen Fragestellung dieser Studie beleuchtet, der Verbindung von CSP und CFP.

2.2.1 Restriktive Standpunkte

Die Ablehnung einer gesellschaftlichen Verantwortung über das Gewinnstreben hinaus

Mit Kritik am CSR-Konzept wird in der Literatur insbesondere *Milton Friedman* und seine oftmals zitierte These „The social responsibility

[70] Vgl. *Leisinger*, 2008, S. 33
[71] Vgl. *Schäfer/Lindenmayer*, 2005, S. 21

of business is to increase its profits" in Verbindung gebracht.[72] Zur Vollständigkeit wird an dieser Stelle die in der Einleitung erwähnte Kritik wiederholt, die fälschlicherweise direkt oder indirekt auf den angelsächsischen Kapitalismus bzw. auf *Adam Smith* referenziert. Danach fallen ökonomische und gesellschaftliche Zielsetzungen scheinbar auseinander, sodass Unternehmensführungen vor der Wahl stehen, entweder Gewinne zu maximieren oder ihrer gesellschaftlichen Verantwortung gerecht zu werden. *Habisch* (2006) beschreibt diesen Aspekt als „Nullsummenparadigma" oder „traditionelles Werte-Trade-off" zwischen Philanthropie und wirtschaftlichen Interessen.[73] Für *Homann/Blome-Drees* (1992) ist es der Konflikt zwischen ethischen und ökonomischen Forderungen: „Die Unternehmen befinden sich in einer moralischen Dilemmasituation, in der sie sich - zumindest auf den ersten Blick - entweder für die Moral oder für den Gewinn entscheiden müssen."[74]

Der Aspekt der Langfristigkeit

Der Aspekt der Langfristigkeit reflektiert auf die vergleichsweise lange Zeitspanne zwischen der unternehmerischen Entscheidung zugunsten einer bestimmten CSR-Aktivität und dem Zeitpunkt ihrer Erfolgswirksamkeit.[75] Auf der Zeitachse betrachtet verursacht gesellschaftliches Engagement zunächst Aufwand und Kosten, wodurch der Unternehmenswert in der Gegenwart verringert wird (buchhaltungsbasierte Bewertung). Den finanziellen Belastungen steht erst in den Folgejahren, d.h. eher mittel- bis langfristig, und

---

[72] *Friedman* schränkt diese These dahingehend ein, dass Unternehmensleitungen die Aufgabe hätten, „[...] to make as much money as possible while conforming to the basic rules of the society, both those embodied in law and those embodied in ethical custom." (Vgl. *Friedman*, 1970, S. 30)

[73] Vgl. *Habisch*, 2006a, S. 42

[74] Vgl. *Homann/Blome-Drees*, 1992, S. 132

[75] Vgl. *Münstermann*, 2007, S. 36; *Hasselfeldt*, 2009, S. 3; *Habisch et al.*, 2008, S. 21; *Kirchhoff*, 2006, S. 30

unter unsicheren Bedingungen ein wirtschaftlicher Nutzen gegenüber (Abb. 5).[76]

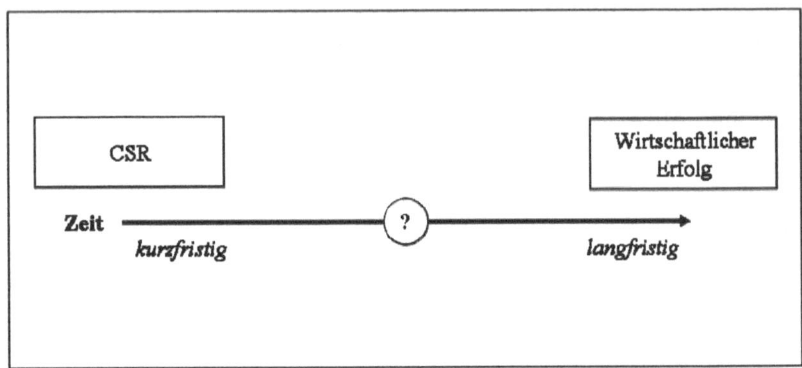

Abbildung 5: Der Aspekt der Langfristigkeit

Eine Umfrage des *Deutschen Aktieninstituts* und der *European Business School* unter den Unternehmensleitungen der 30 deutschen DAX-Unternehmen ergab, dass 79,2 Prozent der Befragten einen positiven Einfluss der CSR-Aktivitäten auf den Shareholder Value als eher langfristig ansehen, während der kurzfristige Einfluss als niedrig eingeschätzt wird.[77] *Ulrich* (1998) zitiert eine solcher Befragungen bzw. Studien zugrunde liegende These, die in überwiegenden Teilen der Wirtschaftspraxis Zustimmung findet: „Sound ethics is good business in the long run."[78]

Das Problem der Messbarkeit

Neben der langfristigen Wirkung gesellschaftlichen Engagements entzündet sich die Kritik auch an der damit einhergehenden Schwierigkeit einer aussagekräftigen Messung. Während sich der ökonomische Nutzen bzw. die CFP beispielsweise aus dem Unternehmenswert oder ROI ableiten lässt, ist dies beim *Social Case*

[76] Vgl. *Schäfer/Lindenmayer*, 2005, S. 21
[77] Vgl. *Flotow et al.*, 2003, S. 28
[78] Vgl. *Ulrich*, 1998, S. 419

bzw. bei der CSP ungleich schwieriger: „Eine zahlenmäßige Erfassung der aus den CSR-Aktivitäten resultierenden gesellschaftlichen oder gar ökonomischen Wirkungen ist nur in äußerst spezifischen Ausnahmefällen möglich und bedarf mithin eines unverhältnismäßig hohen Aufwandes, bzw. beruht zumeist lediglich auf der Schätzung von Experten."[79] Hinzu kommt, dass empirische Studien über den Zusammenhang zwischen wirtschaftlichem Erfolg und CSR zu unterschiedlichen Ergebnissen geführt haben.[80] Damit steht die grundsätzliche Frage im Raum, ob sich der *Business Case von CSR* tatsächlich belegen lässt (dieser Aspekt wird ausführlich im dritten Kapitel vertieft). Für *Schreyögg* (2008) ist der fehlende Nachweis durchaus plausibel: „Warum sollten sich gute Taten auch immer auszahlen?"[81] Dieser Logik folgend stellt er die umgekehrte Frage: Weshalb sollten sich Unternehmen der Gefahr aussetzen, für unethisches Verhalten gerügt zu werden, wenn sich ihre ethischen Aktivitäten gar nicht bezahlt machen? Demgegenüber würde sich Korruption lohnen, weshalb sie auch so oft praktiziert wird: „Es gibt auf jeden Fall eine gute Wahrscheinlichkeit, dass sich Korruption bezahlt macht, bleibt sie doch meist unentdeckt - die Dunkelziffer wird auf über 95 Prozent geschätzt - und sichert lukrative Aufträge im In- und Ausland."[82]

2.2.2 Affirmative Standpunkte

Die Vereinbarkeit von ökonomischen und gesellschaftlichen Zielsetzungen

Den Ausgangspunkt einer affirmativen Sichtweise bildet analog zu den restriktiven Standpunkten die Beziehung zwischen ökonomischen und gesellschaftlichen Zielsetzungen. *Porter/Kramer* haben in

---

[79] Vgl. *Münstermann*, 2007, S. 42/43

[80] Vgl. *Hansen/Schrader*, 2005, S. 384; *Matten/Palazzo*, 2008, S. 56

[81] Vgl. *Schreyögg*, 2008, S. 131

[82] Vgl. *Schreyögg*, 2008, S. 132

zwei viel beachteten Publikationen (2002, 2006) herausgearbeitet, dass Gesellschaft und Unternehmen vielfach als Gegenspieler wahrgenommen werden, obwohl sie in einem gegenseitigen Abhängigkeitsverhältnis stehen:[83] „Successful corporations need a healthy society. [...] At the same time, a healthy society needs successful companies."[84] Daraus leiten sie die Forderung ab, dass Unternehmen einen integrierten CSR-Ansatz verfolgen müssen, der ökonomische und gesellschaftliche Zielsetzungen in Einklang bringt: „[...] a new approach is needed to integrating social considerations more effectively into core business operations and strategy."[85] Es entsteht ein „strategischer Korridor" (*Münstermann*, 2007) oder „positiver Kompatibilitätsfall" (*Homann/Blome-Drees*, 1992)[86], innerhalb dessen sich der gemeinsame Nutzen („shared value"[87]) bzw. das

[83] Vgl. *Porter/Kramer*, 2002, S. 7f.; *Porter/Kramer*, 2006, S. 7f.

[84] Vgl. *Porter/Kramer*, 2006, S. 7

[85] Vgl. *Porter/Kramer*, 2006, S. 2

[86] Vgl. *Homann/Blome-Drees*, 1992, S. 132f.
Für *Homann/Blome-Drees* (1992) wird der positive Kompatibilitätsfall durch die Rahmenordnung als systematischen Ort der Moral in einer Marktwirtschaft bestimmt. Unter der Voraussetzung einer „geeigneten Rahmenordnung" dient das Gewinnstreben der Wirtschaftsakteure den Interessen der Konsumenten und Allgemeinheit am besten: „Es ist das Eigeninteresse der wirtschaftlich Handelnden, dass sie etwas moralisch Erwünschtes tun lässt. In der Situation des Quadranten I [positiver Kompatibilitätsfall, Anm. des Verfassers] fallen Individualinteresse und Gemeinwohlinteresse zusammen: Auf diesen Fall ist die klassische Konzeption ursprünglich zugeschnitten, weil eine entsprechende Rahmenordnung dafür sorgt, dass das unternehmerische Gewinnstreben für die moralische Qualität einer Marktwirtschaft funktionalisiert wird. Das Eigeninteresse auf der Ebene der Spielzüge [die Handlungen der Wirtschaftsakteure innerhalb der Rahmenordnung, Anm. des Verfassers] wird durch die Rahmenordnung so gesteuert, dass es für die Realisierung letztlich moralischer Werte auf der Systemebene eingespannt wird."

[87] Vgl. *Porter/Kramer*, 2006, S. 7

Win-Win-Szenario realisieren lässt (Abb. 6).[88] Das „Nullsummenparadigma" (vgl. Kapitel 2.2.1) wird produktiv zugunsten eines *Business Case* und eines *Social Case* aufgelöst, wodurch eine Erweiterung und Intensivierung des gesellschaftlichen Engagements unter rein wirtschaftlichen Gesichtspunkten sinnvoll sein kann.[89]

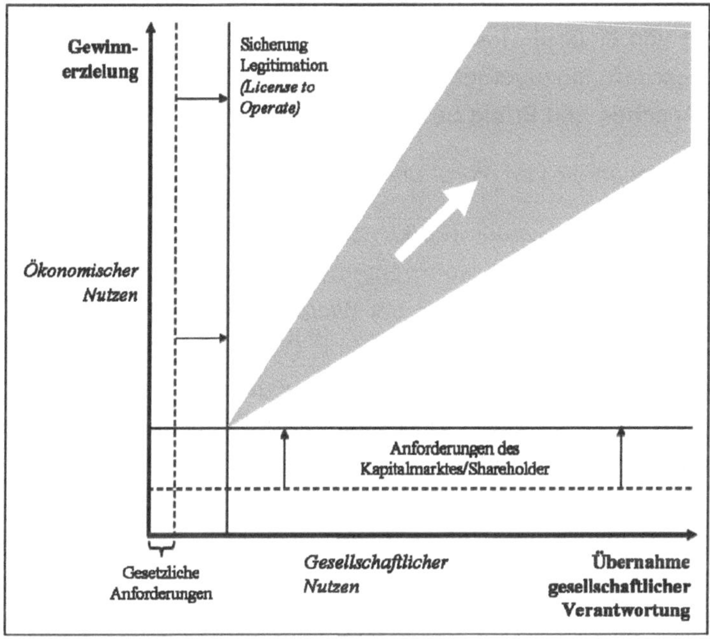

Abbildung 6: Der strategische Korridor[90]

[88] Neben *Münstermann* (2007) und *Homann/Blome-Drees* (1992) sieht auch *Ulrich* (1998) die Möglichkeit, Gewinnstreben und „zur Geltung gebrachte ethische Gesichtspunkte" zu verbinden (instrumentalistische Unternehmensethik): Wird Ethik instrumentell-strategisch eingesetzt, kann sie der unternehmerischen Erfolgssicherung dienen, beispielsweise zum Erhalt bzw. Aufbau der *License to Operate*. Diese rein funktionale Berücksichtigung erfolgt losgelöst von moralischen Beweggründen, womit Ethik zum „Führungsinstrument und/oder zum Investitionsgut in langfristökonomischer Perspektive" wird. (Vgl. *Ulrich*, 1998, S. 418f.)

[89] Vgl. *Habisch et al.*, 2008, S. S. 13

[90] Eigene Darstellung in Anlehnung an *Münstermann*, 2007, S. 80 und *Porter/Kramer*, 2002, S. 7

In diesem Zusammenhang wird auch der Stellenwert deutlich, den CSR in der Unternehmensführung einnehmen sollte: „CSR ist ein notwendiges, aber nicht hinreichendes und – bei ehrlicher Anwendung – eher indirekt wirksames, flankierendes Managementparadigma der wertorientierten Unternehmensführung/ -politik für nachhaltiges, d.h. langfristiges Wachstum."[91] *Schreyögg* (2008) spricht von einer „[...] Art engagierter Beigabe [...], die dem regulären Geschäft hinzugefügt werden sollte und nicht selten zusätzliches Ansehen und Erfolg beschert."[92]

Die Vereinbarkeit von Moral und Ökonomie

Während *Porter/Kramer* (2002, 2006) Gesellschaft und Unternehmen als Gegenspieler wahrnehmen und daraus ihre dargelegten Rückschlüsse ziehen, sind es bei *Wieland* (2007) Moral und Ökonomie. *Wieland* konstatiert: „Moral und Ökonomie bedingen einander statt sich kategorisch auszuschließen oder imperialistisch wechselseitig zu unterwerfen."[93] Durch die Integration moralischer Überzeugungen, Werte und Tugenden in das ökonomische Handeln – der theoretische Kern der sogenannten Goveranceethik – sei die Wirtschaft in der Lage, einen Beitrag zur Lösung gesellschaftlicher und einzelwirtschaftlicher Probleme zu leisten.[94] Grundlage für die Implementierung und Operationalisierung (Messbarmachung) von Werten in der Unternehmenspraxis sind Wertemanagementsysteme, beispielsweise das *WerteManagementSystem*^{ZfW} (WMS^{ZfW}) des *Zentrums für Wirtschaftsethik* (ZfW). Mit Blick auf die Verbindung von CSP und CFP stellt *Wieland* (2007) fest: „Ökonomisch lassen sich diese organisationalen Steuerungsstrukturen (EthikManagementSysteme/EthikAudit-Systeme) als Mittel zur Senkung der Anbahnungs-, Durchführungs- und Überwachungskosten wirtschaftli-

---

[91] Vgl. *Schlund*, 2007, S. 85

[92] Vgl. *Schreyögg*, 2008, S. 117/118

[93] Vgl. *Wieland*, 2007, S. 9

[94] Vgl. *Wieland*, 2007, S. 9

cher Transaktionen durch Selbstbindung und 'signalling' verstehen, die aus der wachsenden Kontingenz globaler vertraglicher Versprechungen resultieren."[95]

Die unterschiedlichen Erfolgs- oder Nutzenwirkungen

In der Literatur wird CSR eine Vielzahl unterschiedlicher Erfolgs- oder Nutzenwirkungen zugeschrieben, von denen Unternehmen profitieren.[96] Je nach Publikation erfolgt teilweise eine Unterteilung der Auswirkungen, beispielsweise in direkte und indirekte[97] oder in ökonomische und vorökonomische Effekte[98]. *Kurucz et al.* (2008) haben identifiziert, dass die verschiedenen Erfolgs- oder Nutzenwirkungen überwiegend vier Bereichen zugeordnet werden: *Cost and Risk Reduction, Competitive Advantage, Reputation and Legitimacy* sowie *Synergistic Value Creation.*[99] Diese Bereiche werden im Folgenden kurz beschrieben.

1. Cost and Risk Reduction

Aus der Perspektive reduzierter Kosten und Risiken sind die Ansprüche der Stakeholder-Gruppen eine potenzielle Bedrohung für die Existenz von Unternehmen. Ein Mindestmaß an sozialer und ökologischer Verantwortung entschärft die Bedrohungen und sichert damit die ökonomischen Interessen.

CSR-Aktivitäten sind tendenziell geeignet, dass staatliche Institutionen und NGOs ihre Informationsdefizite und Skepsis gegenüber Unternehmen abbauen und Kooperationen eingehen.[100] Die Über-

---

95 Vgl. *Wieland*, 2007, S. 42

96 Vgl. *Münstermann*, 2007, S. 31f.; *Kirchhoff*, 2006, S. 15/16; *Habisch et al.*, 2008, S. 13f.; *Habisch/Schmidpeter*, 2008, S. 57f.; *Blanke/Lang*, 2010, S. 260f.

97 Vgl. *KOM* (Hrsg.), 2001, S. 8

98 Vgl. *Hansen/Schrader*, 2005, S. 383f.

99 Vgl. *Kurucz et al.*, 2008, S. 85f.

100 Vgl. *Schäfer/Lindenmayer*, 2005, S. 25

nahme gesellschaftlicher Verantwortung dient Unternehmen in Krisenzeiten als „Good-Will-Puffer"[101], um die Wahrscheinlichkeit von negativen Medienberichten, Konsumentenboykotten oder regulatorischen Eingriffen zu verringern. CSR wird damit Bestandteil des Risikomanagements zum Erhalt bzw. Aufbau der *License to Operate*. Der offensive und proaktive Umgang mit ökologischen und sozialen Themen ermöglicht Unternehmensleitungen, frühzeitig systemische Risiken und Megarisiken zu erkennen.[102] So kann die Installation von Dialogen mit kritischen Stakeholder-Gruppen als eine Form der Schwachstellenanalyse verstanden werden, um mögliche „Fehltritte" bereits im Vorfeld zu verhindern. Das populäre Negativbeispiel *Brent Spar* der *Royal Dutch Shell* wäre durch eine bessere Vernetzung mit kritischen Stakeholder-Gruppen womöglich vermeidbar gewesen.[103] Zumindest hätte ein intensiverer Kontakt mit *Greenpeace* geholfen, die Reaktion der kritischen Umweltschutzorganisation im Vorhinein besser einzuschätzen. Wahrscheinlich wäre von

[101] Vgl. *Hansen/Schrader*, 2005, S. 384

[102] Vgl. *Schäfer/Lindenmayer*, 2005, S. 26

[103] *Royal Dutch Shell* versuchte 1995 eine ausgediente Erdölplattform völlig legal im Atlantik zu versenken. Die Umweltschutzorganisation *Greenpeace* befürchtete schwere Umweltschäden, da die Plattform massiv mit gefährlichen Giftstoffen belastet gewesen sein sollte. Das Vorhaben bescherte *Shell* daraufhin eine extrem negative Berichterstattung. Zahlreiche Organisationen riefen zu Konsumentenboykotten auf, wodurch in einigen Ländern der Umsatz um bis zu 70 Prozent einbrach (vgl. *Brooks*, 2002). Aufgrund des enormen öffentlichen Drucks musste das Unternehmen die Erdölplattform letztlich an Land entsorgen. Seit 1997 integriert *Shell* CSR in seine Unternehmensstrategie und konzentriert sich insbesondere darauf, relevante Stakeholder zu identifizieren und mit ihnen in einen Dialog zu treten. Das Unternehmen verfolgt dabei zwei Ansätze, den internationalen und nationalen Stakeholder-Dialog. Auf internationaler Ebene betreibt *Shell* den Austausch hinsichtlich verschiedener Themen, beispielsweise Biodiversität, Klimawandel oder Menschenrechte. Auf lokaler Ebene ist der Stakeholder-Dialog Eckpfeiler der sogenannten „Sozialen Performance" von *Shell*. Sie wird als Managementprozess verstanden, der die Auswirkungen auf das lokale Unternehmensumfeld steuert. (Vgl. *Heine*, 2009, S. 7)

Shell gar nicht erst der Versuch unternommen worden, die „Brent Spar" im Atlantik zu versenken.[104]

In den Bereich reduzierter Kosten und Risiken fallen auch zwei Theorieansätze, welche sich der zeitlichen Abfolge der Faktoren CSP und CFP widmen. Während die sogenannte *Good Management Theory*[105] davon ausgeht, dass gesellschaftliches Engagement in der Folge zu ökonomischem Erfolg führt, interpretiert die sogenannten *Slack Resources Theory*[106] die umgekehrte Richtung. Der wirtschaftliche Erfolg und damit auch überschüssiges Kapital (die „Slack-Ressourcen") stellen eine Grundvoraussetzung dar, um CSR überhaupt betreiben zu können: „Prior high levels of CFP may provide the slack resources necessary to engage in corporate social responsibility and responsiveness."[107] Sofern sich die Faktoren CSP und CFP gegenseitig bzw. wechselseitig beeinflussen, sprechen *Waddock/Graves* (1997) von einem *Virtous Cycle*.[108] *Jasch et al.* (2007) bezeichnen die Richtung der Kausalität als Henne-Ei-Problem: „Sind verantwortungsvolle Unternehmen erfolgreicher oder sind erfolgreiche Unternehmen verantwortungsvoller?"[109]

2. Competitive Advantage

Unternehmen verschaffen sich Wettbewerbsvorteile, indem sie ihre Ressourcen anhand der empfundenen Bedürfnisse der Stakeholder-Gruppen strategisch ausrichten. Aus diesem Blickwinkel stellen die Ansprüche weniger eine Randbedingung oder einen Zwang dar,

---

[104] Vgl. *Habisch et al.*, 2008, S. 18/19

[105] Vgl. *Waddock/Graves*, 1997, S. 306f.

[106] Vgl. *Waddock/Graves*, 1997, S. 306

[107] Vgl. *Orlitzky et al.*, 2003, S. 406

[108] Vgl. *Waddock/Graves*, 1997, S. 306
Orlitzky et al. beschreiben den *Virtous Cycle* wie folgt: „[...] financially successful companies spend more because they can afford it, but CSP also helps them become a bit more successful." (Vgl. *Orlitzky et al.*, 2003, S. 424)

[109] Vgl. *Jasch/Grasl*, 2007, 65

sondern sind eine Chance, die das Unternehmen zum eigenen Vorteil nutzen kann.

Im Spannungsfeld der gestiegenen gesellschaftlichen und wirtschaftlichen Anforderungen sehen sich Unternehmensleitungen zur Steigerung der Effizienz und Effektivität ihres gesellschaftlichen Engagements genötigt.[110] Sie nehmen sich daher bevorzugt derjenigen Bedürfnisse bzw. gesellschaftlichen Probleme an, die sich aus dem Kerngeschäft ergeben oder dieses negativ beeinflussen könnten.[111] Dieses strategische CSR beschreiben *Porter/Kramer* (2006) als „[...] choosing an unique position – doing things differently from competitors in a way that lowers costs or better serves a particular set of customer needs."[112] Zwischen der Affinität zum Kerngeschäft und Vorteilen für das engagierte Unternehmen sehen *Porter/Kramer* einen direkten Bezug: „Typically, the more closely tied a social issue is to the company's business, the greater the opportunity to leverage the firm's resources and capabilities, and benefit society."[113] Dies lässt sich sehr anschaulich am Beispiel der Bildungsinitiative „Schlaumäuse – Kinder entdecken Sprache" der *Microsoft Deutschland GmbH* illustrieren. Herzstück der Initiative ist eine Lernsoftware, mit deren Hilfe Vorschulkinder aus sozialen Brennpunkten ihre Sprachkompetenz verbessern.[114] *Microsoft* setzt damit eine seiner Kernkompetenzen, die Softwareprogrammierung, zur Linderung eines bedeutenden gesellschaftlichen Problems ein.[115] Die Programmierer hätten als philanthropische Wohltat ebenso die Räumlichkeiten der Kindergärten renovieren können, in denen die Lernsoftware zum Einsatz kommt. „Dies hätte aber offensichtlich

[110] Vgl. *Münstermann*, 2007, S. 81
[111] Vgl. *Schwalbach*, 2008, S. 3
[112] Vgl. *Porter/Kramer*, 2006, S. 10
[113] Vgl. *Porter/Kramer*, 2006, S. 10
[114] Weitere Informationen unter: http://www.schlaumaeuse.de/Seiten/default.aspx
[115] Vgl. *Habisch et al.*, 2008, S. 27

bei weitem weder zu einer vergleichbaren gesellschaftlichen noch zu einer unternehmensstrategischen Wirkung geführt." [116]

Die Übernahme freiwilliger ökologischer Verantwortung stellt einen weiteren Ansatz dar, um Wettbewerbsvorteile zu generieren. Das ökologisch engagierte Unternehmen verbessert seine finanzielle Leistungsfähigkeit beispielsweise durch ein optimiertes Abfallmanagement oder erhöhte Energieeffizienz und senkt dadurch operative Kosten.[117]

3. Reputation and Legitimacy

Dem Bereich Reputation und Legitimität liegt insbesondere der Aufbau einer verantwortungsvollen Marke zugrunde. CSR-Aktivitäten fördern Reputation und Legitimität, was zu Wettbewerbsvorteilen für das engagierte Unternehmen führt.

Der legendäre amerikanische Investor *Warren Buffet* bemerkte einmal zur wirtschaftlichen Verwundbarkeit durch einen möglichen Reputationsverlust: „Es dauert zehn Jahre, einem Unternehmen ein positives Image zu verleihen, aber nur zehn Sekunden, um dieses zu verlieren."[118] Unternehmen bauen durch die Übernahme gesellschaftlicher Verantwortung ein bestimmtes Image bzw. Reputation auf. Ihre CSR-Aktivitäten können auf Absatz- und Beschaffungsmärkten als Signal für Verlässlichkeit, Empathie und Glaubwürdigkeit verstanden werden.[119] Auf Absatzmärkten stärkt CSR das Kundenvertrauen und trägt damit zur Vertiefung der Kundenbindung bei. Eine hohe Reputation steigert den Markenwert und kann dadurch Umsatzsteigerungen auslösen, beispielsweise indem Konsumenten sogenannte Premiumpreise akzeptieren.[120] Auf Beschaf-

[116] Vgl. *Habisch et al.*, 2008, S. 27
[117] Vgl. *Heine*, 2009, S. 5; *Hansen/Schrader*, 2005, S. 384
[118] Vgl. *Kirchhoff*, 2006, S. 15
[119] Vgl. *Schäfer/Lindenmayer*, 2005, S. 25
[120] Vgl. *Heine*, 2009, S. 6

fungsmärkten ist die Wirkung von gesellschaftlichem Engagement u.a. auf potenzielle Mitarbeiter und Shareholder relevant. Wettbewerbsvorteile im Kampf um die besten Mitarbeiter, der sogenannte *War for Talents*, konnten ebenso nachgewiesen werden wie Effekte auf derzeitige Mitarbeiter, beispielsweise die Erhöhung von Mitarbeitermotivation, -zufriedenheit und -bindung.[121] Für potenzielle Shareholder mit ethischem oder nachhaltigem Anlageschwerpunkt können solche Unternehmen von besonderem Interesse sein, denen eine herausragende CSR attestiert wurde.[122] Auch institutionelle Anleger verwenden zur Beurteilung der Kreditwürdigkeit neben herkömmlichen Beurteilungskriterien verstärkt sogenannte Nachhaltigkeitsratings bzw. -rankings oder Nachhaltigkeitsindizes.[123] Sie begreifen CSR-Aktivitäten als positiven Beitrag zur Verminderung des Ausfallrisikos ihrer Kapitalanlage und verlangen daher tendenziell

---

[121] Vgl. *Hansen/Schrader*, 2005, S. 384; *Schäfer/Lindenmayer*, 2005, S. 25; *Heine*, 2009, S. 6

[122] Vgl. *Schäfer/Lindenmayer*, 2005, S. 25

[123] Vgl. *Heine*, 2009, S. 6
Als Ratings werden Bewertungen von Unternehmen auf Basis von sozialen, ökologischen und teilweise auch ökonomischen Kriterien bezeichnet. Im Ansatz der Bewertung ist zwischen ökonomisch und normativ basierten Konzepten zu unterscheiden. Während ökonomisch basierte Konzepte die CSP hinsichtlich ihrer Auswirkungen auf die CFP bewerten, gilt beim normativ basierten Ansatz die CSP als Kriterium an sich. Innerhalb dieses Bewertungsprozesses gibt es absolute und relative CSP-Messungen. Absolute CSP-Messungen bewerten, ob ein Unternehmen anhand einer Negativliste sozial, ökologisch und ökonomisch verantwortlich agiert - oder nicht. Relative CSP-Messungen, sogenannte Rankings, beurteilen die Ergebnisse eines Unternehmens im Vergleich zu anderen Unternehmen einer Branche oder innerhalb eines Landes. Dieses Verfahren wird auch als Best-in-Class-Ansatz bezeichnet. In Abhängigkeit von der Anzahl der bewerteten CSR-Dimensionen lassen sich zusätzlich ein- und multidimensionale Konzepte unterschieden. Nachhaltigkeitsindizes nehmen börsennotierte Unternehmen auf Basis von sogenannten Positivkriterien auf. Beim *Dow Jones Sustainability Index* (DJSWI) gelten beispielsweise Organisationsentwicklung, strategische Planung, Wissensmanagement, Qualitätsmanagement und Corporate Governance als Positivkriterien. (Vgl. *Utermark*, 2008, S. 5f.)

geringere Kompensationsleistungen.[124] Neben einem erleichterten Zugang zu Eigenkapital vermindert gesellschaftliches Engagement dadurch die Kapitalkosten eines Unternehmens. Für *Schäfer/Lindenmayer* (2005) ist die Verbindung von *Business Case* und *Investment Case* in kapitalistischen Wirtschaftssystemen von herausragender Bedeutung.[125] Die Verfügbarkeit von Eigenkapital, respektive Liquidität, stellt für die Existenz und das Wachstum von Unternehmen den wesentlichen Engpassfaktor dar. In Zeiten globalisierter Finanzmärkte konkurrieren insbesondere große nationale bzw. multinationale Konzerne um eine begrenzt verfügbare Ressource.

4. Synergistic Value Creation

Synergetische Wertschöpfung entsteht, indem mehrere Stakeholder-Gruppen anhand ihrer gemeinsamen Interessen aufgespürt und verknüpft werden. Pluralistische, breiter gefasste Erfolgs- und Nutzenwirkungen ermöglichen den gleichzeitigen Profit aller Beteiligten, wodurch sogenannte Win-Win-Win-Szenarien entstehen. Der synergetischen Wertschöpfung liegt die Annahme zugrunde, dass über die Suche nach gemeinsamen Interessen Chancen und Ideen jenseits traditioneller Geschäftsmodelle entstehen.

Die synergetische Wertschöpfung wird u.a. mit dem *Sustainable Local Enterprise Network-Modell* (SLEN) in Verbindung gebracht.[126] *Wheeler et al.* untersuchten zwischen 2002 und 2005 fünfzig Fallbeispiele erfolgreicher Unternehmer und ihrer Partnerorganisationen in Lateinamerika, Afrika und Asien.[127] Während ihrer Studie fokussierten sie sich auf das Potenzial von selbstständigen, nachhaltigen Unternehmen, die in der sogenannten Dritten Welt mit oder ohne die Hilfe nationaler bzw. multinationaler Konzerne aufstreben.

[124] Vgl. *Schäfer/Lindenmayer*, 2005, S. 36
[125] Vgl. *Schäfer/Lindenmayer*, 2005, S. 34
[126] Vgl. *Kurucz et al.*, 2008, S. 91
[127] Vgl. *Wheeler et al.*, 2005, S. 35

„This research addresses not only market opportunities for large businesses but also the capabilities, relationships and other networkbased resources that local actors could bring to value-creating sustainable enterprise in their own environments."[128] Das SLEN-Modell wurde auf Basis dieser Forschungsstudie entwickelt und beschreibt, wie in Entwicklungsländern nachhaltige Unternehmen in einer vertrauensbasierten, dicht vernetzten Umwelt gedeihen „[...] – a kind of environment that may be increasingly relevant to business in general."[129] Ein *Sustainable Local Enterprise Network* entsteht typischerweise durch externe Investitionen in bestehende Ressourcen (Abb. 7).

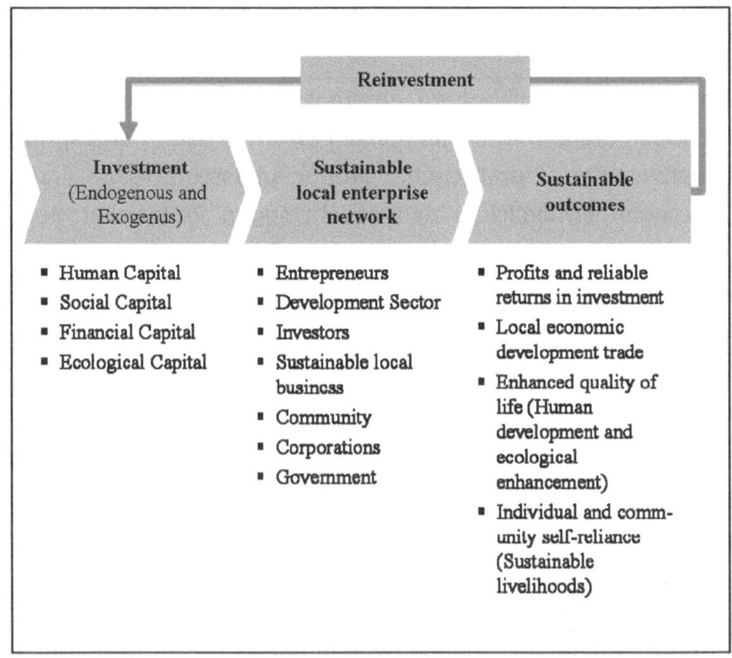

Abbildung 7: Das Modell des Sustainable Local Enterprise Network (*Virtous Cycle*)[130]

[128] Vgl. *Wheeler et al.*, 2005, S. 35
[129] Vgl. *Wheeler et al.*, 2005, S. 35
[130] Eigene Darstellung in Anlehnung an *Wheeler et al.*, 2005, S. 39

Vergleichbar mit der Wirkung eines Katalysators lösen die Anschubinvestitionen in bestehende Ressourcen Wachstum und Reproduktion von Netzwerken aus. Bei den beteiligten, eng vernetzten Unternehmen, Non-Profit-Organisationen sowie weiteren Akteuren führt dies gleichzeitig zu nachhaltigen Erfolgs- oder Nutzenwirkungen, die sich vier Bereichen zuordnen lassen (Abb. 6). Diese „Sustainable Outcomes" werden in bestehende Ressourcen reinvestiert, wodurch wiederum ein *Virtous Cycle* entsteht. Das SLEN-Modell steht im Einklang mit Managementtheorien, die den Einfluss von immateriellen Werttreibern auf den Unternehmenserfolg betonen.[131] Danach sind insbesondere die immateriellen Vermögensgegenstände wie etwa Humankapital für die sogenannten *Dynamic Capabilities*[132] und Kernkompetenzen eines Unternehmens relevant.[133]

Auch die *International Organization for Standardization* (ISO) hat in ihrem am 1. November 2010 veröffentlichten Leitfaden „ISO 26000:2010, Guidance on social responsibility" (ISO 26000)[134] zahlreiche potenzielle Erfolgs- oder Nutzenwirkungen identifiziert, von denen gesellschaftlich engagierte Unternehmen profitieren.[135] Diese potenziellen Erfolgs- oder Nutzenwirkungen wurden in Abbildung 8 entsprechend der vier Bereiche von *Kurucz et al.* klassifiziert.

---

[131] Vgl. *Wheeler et al.*, 2005, S. 37

[132] Mit *Dynamic Capabilities* ist die Fähigkeit von Unternehmen gemeint, sich an fortwährend ändernde Umweltparameter dynamisch anpassen zu können. (Vgl. *Schäfer/Lindenmayer*, 2005, S. 23)

[133] Vgl. *Schäfer/Lindenmayer*, 2005, S. 24, 40

[134] Die ISO 26000 soll Unternehmen und Organisationen aller Art weltweit als Leitfaden bzw. Referenzstandard zur gesellschaftlichen Verantwortung dienen. Weitere Informationen unter http://www.iso.org/iso/iso_catalogue/management_and_leadership_standards/social_responsibility.htm

[135] Vgl. *ISO* (Hrsg.), 2009, S. 20/21

Cost and Risk Reduction	Competitive Advantage	Reputation and Legitimacy	Synergistic Value Creation
Encouraging more informed decision-making based on an improved understanding of the expectations of society, the opportunities associated with social responsibility (including better management of legal risks) and the risks of not being socially responsible	Improving the competitiveness of the organization with respect to its competitors, including access to finance and "preferred partner" status	Enhancing the reputation of the organization and fostering greater public trust	Improving the organization's relationship with its stakeholders and its capacity for innovation, through exposure to new perspectives and contact with a diverse range of stakeholders
Improving the organization's risk management practices	Achieving savings associated with increased productivity and resource efficiency, lower energy and water consumption, decreased waste, the recovery of valuable by-products and the increased availability of raw materials	Enhancing employee loyalty and morale, improving the safety and health of both female and male workers and impacting positively on an organization's ability to recruit, motivate and retain its employees	

Abbildung 8: Potenzielle Erfolgs- oder Nutzenwirkungen aus ISO 26000, geordnet nach *Kurucz et al.* (2008)[136]

[136] Eigene Darstellung in Anlehnung an *ISO* (Hrsg.), 2009, S. 20/21

Cost and Risk Reduction	**Competitive Advantage**	**Reputation and Legitimacy**	**Synergistic Value Creation**
Improving the reliability and fairness of transactions through responsible political involvement, fair competition, and the absence of corruption			
Preventing or reducing potential conflicts with consumers about products or services			
Contributing to the long-term viability of the organization by promoting the sustainability of natural resources and environmental services			
Contributing to the public good and to strengthening civil society and institutions			

Abbildung 8 (Fortsetzung): Potenzielle Erfolgs- oder Nutzenwirkungen aus ISO 26000, geordnet nach *Kurucz et al.* (2008)

Die vorstehend genannten vier Bereiche unterschiedlicher Erfolgs- oder Nutzenwirkungen und die darin enthaltenen Beispiele und Theorieansätze verdeutlichen zweierlei. Die Bereiche sind zum einen nicht überschneidungsfrei. Durch CSR ausgelöste Reputationsgewinne oder verminderte Kapitalkosten ließen sich beispielsweise ebenso gut unter dem Überbegriff *Competitive Advantage* subsumieren. Die Bereiche selbst und die darin enthaltenen Beispiele und Theorieansätze sind zum anderen nicht abschließend. Wie bereits dargelegt ist es von der jeweiligen Publikation abhängig, ob und wie eine Unterteilung der Auswirkungen erfolgt. Anders als *Kurucz et al.* (2008) sehen *Schäfer/Lindenmayer* (2005) die Bereiche *Reputation*, *Corporate Governance*[137] und *Innovation* als „Haupttreiber" von CSR auf den Unternehmenswert.[138] Hinzu kommt der dynamische Aspekt des *Business Case*. Durch die fortschreitende Globalisierung ausgelöste gesellschaftliche und wirtschaftliche Veränderungen gehen mit gestiegenen Ansprüchen von Stakeholdern und Shareholdern einher (vgl. Kapitel 2.1 und Abb. 4). Parallel dazu ändert sich der Korridor, innerhalb dessen ein Win-Win-Szenario aus *Business Case* und *Social Case* realisierbar ist (vgl. Abb. 6). Die darin enthaltenen Erfolgs- und Nutzenwirkungen sind somit nicht statisch, sondern fortwährenden Änderungen unterworfen.

[137] Corporate Governance bedeutet wörtlich übersetzt eigentlich Unternehmensführung. Der Begriff wird jedoch häufig normativ als Lehre von der „guten Unternehmensführung" (Good Corporate Governance) verwendet: „Durch die Befolgung von Corporate Governance Grundsätzen soll eine gute und verantwortungsvolle Unternehmensführung und -kontrolle gewährleistet werden. Alle dafür erforderlichen Regeln werden in einem sogenannten Corporate Governance Kodex zusammengefasst." (Vgl. *BMJ*, Hrsg., 2011) Weitere Informationen unter http://www.bmj.bund.de/enid/82ee7b2de55a7ecbbac205c943d74345,c1b2c85f7472636964092d0935323933/Handels-_und_Wirtschaftsrecht/Corporate_Governance_48.html

[138] Vgl. *Schäfer/Lindenmayer*, 2005, S. 24f.

3 Stand der Forschung – empirische Erkenntnisse über die Beziehung zwischen wirtschaftlichem Erfolg und CSR

Das dritte Kapitel vervollständigt die konzeptionellen Grundlagen und widmet sich der empirischen Forschung über die Verbindung von CSP und CFP: Mit welchen Messmethoden bzw. Messkonstrukten analysiert die Wissenschaft mindestens seit 1972 die Beziehung zwischen wirtschaftlichem Erfolg und CSR? Welche Forschungsresultate wurden dabei erzielt und mit welcher Aussagekraft? Der Forschungsstand bzw. die Rückschlüsse aus dem Forschungsstand sind Ausgangspunkt der im vierten Kapitel behandelten Ansätze von *Orlitzky et al.* (2003), *Kurucz et al.* (2008) sowie *Schreck* (2009).

3.1 Konzeptionelle Grundlagen der empirischen Forschung

In der Unternehmensethik lassen sich zwei grundsätzliche Forschungsrichtungen unterscheiden, positivistische Forschung und normative Unternehmensethik.[139] Die positivistische Forschung versucht, mittels empirischer Methoden kausale Verbindungen und Korrelationen aufzudecken und in überprüfbare Hypothesen zu übersetzen. Demgegenüber untersucht die normative Unternehmensethik mittels philosophischer Theoriekonzepte und -methoden, welche Normen, Prinzipien und Werte für die Akteure einer Wirtschaftsordnung gelten *sollen*.[140]

Matten/Palazzo (2008) bezeichnen die Suche nach der Verbindung von Ethik und Gewinn bzw. dem Zusammenhang zwischen der Übernahme gesellschaftlicher Verantwortung und finanziellem Unternehmenserfolg (CSP/CFP-Link) als „Königsdisziplin“ empirischer

139 Vgl. *Matten/Palazzo*, 2008, S. 56f.

140 Als Bezugspunkte gelten beispielsweise die „Aristotelische Tugendethik“, die „Kantische Pflichtethik“, vertragstheoretische Ansätze, postmoderne Philosophie oder die „Habermassche Diskursethik“ (vgl. *Matten/Palazzo*, 2008, S. 57).

Forschung.[141] Die Relevanz dieser zentralen Fragestellung zeigt sich zum einen in der Vielzahl an Studien und Metastudien, die sich mindestens seit 1972 der Hypothese des *Business Case* gewidmet haben. Sie resultiert zum anderen aus der strategischen Überlegung, wonach ein „robuster Link" bzw. eine Bestätigung des *Business Case* die Kritik und Skepsis aus der Managementforschung entkräften würde (vgl. Kapitel 2.2.1).

Die vorhandenen Studien lassen sich hinsichtlich ihrer den Faktoren CSP und CFP zugrunde liegenden Bewertungsansätze unterscheiden. Während Wissenschaft und Unternehmenspraxis zur Bewertung der finanziellen Performance überwiegend markt- oder buchhaltungsbasierte CFP-Erfolgskennzahlen verwenden, gibt es beim Messen der CSP kein einheitliches Vorgehen.[142] In Abhängigkeit von der betrachteten CSR-Dimension und der verwendeten Informationsquelle ergeben sich unterschiedliche Messkonstrukte zur Bewertung der CSP (Abb. 9).

<table>
<tr><th colspan="2" rowspan="2"></th><th colspan="3">Informationsquelle</th></tr>
<tr><th>Einstellungen bzw. Wahrnehmungen</th><th>Performance</th><th>Inhaltsanalysen</th></tr>
<tr><th rowspan="3">Betrachtete Dimensionen</th><th>Eine</th><td>Subjektive Einschätzung, Interviews</td><td>z.B. Umwelt oder Gesellschaft oder Spenden</td><td>Unternehmens-publikationen, Medienberichte</td></tr>
<tr><th rowspan="2">Mehrere</th><td>Interne/Externe Expertenbefragung</td><td>z.B. Umwelt und Gesellschaft und Spenden</td><td></td></tr>
<tr><td colspan="3">Übergreifende Ratings und aggregierte Indizes; Meta-Analysen</td></tr>
</table>

Abbildung 9: Messkonstrukte zur Bewertung der CSP[143]

[141] Vgl. *Matten/Palazzo*, 2008, S. 56

[142] Vgl. *Schreck*, 2009, S. 18

[143] Eigene Darstellung in Anlehnung an *Schreck*, 2009, S. 19

Eindimensionale Messkonstrukte bewerten die CSP anhand einer Dimension, beispielsweise anhand der ökologischen Zielsetzungen allgemein oder bezogen auf ein konkretes Attribut, wie etwa CO_2-Emissionen. Mehrdimensionale Messkonstrukte berücksichtigen ökologische und soziale Zielsetzungen, beispielsweise Mitarbeiterorientierung, Umweltschutz oder getätigte Spenden. Neben den verschiedenen Dimensionen im Verständnis von CSR lassen sich die Studien hinsichtlich ihrer verwendeten Informationsquelle unterscheiden. Im Folgenden werden auf Basis der in Abbildung 9 dargestellten Systematik unterschiedliche Messkonstrukte zur Bewertung der gesellschaftlichen Performance kurz beschrieben.

3.1.1 Einstellungs- bzw. wahrnehmungsbasierte Messungen

Eine der älteren Studien über den CSP/CFP-Link, der gleichzeitig ein eindimensionales Messkonstrukt zugrunde liegt, stammt von *Moskowitz* (1972).[144] *Moskowitz* bildet auf Basis verschiedener CSP-Attribute aus dem Bereich der sozialen Zielsetzungen[145] ein Ranking der zehn besten und zehn schlechtesten Unternehmen. Anstatt objektive, nachvollziehbare Kriterien anzuwenden, folgt *Moskowitz* bei der Auswahl der „sozialverantwortlichen" Unternehmen und der Bewertung ihres ökonomischen Erfolgs seiner persönlichen Einstellung bzw. Wahrnehmung.[146]

Liegt Studien der sogenannte *Fortune*-Reputationsindex zugrunde, handelt es sich um mehrdimensionale Messkonstrukte.[147] Das *Fortune Magazine* befragt jährlich Vorstandsmitglieder, Geschäftsführer und Wertpapieranalysten. Sie bewerten als externe Experten die jeweils zehn größten Unternehmen ihrer Branche hinsichtlich acht

[144] Vgl. *Margolis/Walsh*, 2003, S. 275

[145] Darunter fallen beispielsweise Sicherheit am Arbeitsplatz, Gleichberechtigung oder karitative Zuwendungen (vgl. *Promberger/Spiess*, 2006, S. 45/46; *Margolis/Walsh*, S. 275).

[146] Vgl. *Schreck*, 2009, S. 19

[147] Vgl. *Schreck*, 2009, S. 20

Kriterien (*Items*) im Vergleich zum stärksten Wettbewerber.[148] Das achte Kriterium lautet *Community and environmental responsibility (Social responsibility)* und verweist auf ökologische wie soziale Zielsetzungen. Dieser Teil des Reputationsindex wurde mehrfach zur Analyse des Zusammenhangs zwischen wirtschaftlichem Erfolg und CSR verwendet, beispielsweise von *Spencer/Taylor* (1987) oder *McGuire et al.* (1988).[149]

3.1.2 Performancebasierte Messungen

Anstelle von Einstellungen bzw. Wahrnehmungen als Maß für die CSP verwenden einige Studien eindeutig messbare Kennziffern als Näherungswert. Die Grundlage dieser Arbeiten bilden oftmals die Daten des *Council on Economic Priorities* (CEP), einer amerikanischen Verbraucherorganisation.[150] Das CEP publiziert u.a. Rankings zum Schadstoffausstoß multinationaler Konzerne aus verschiedenen Branchen, auf deren Basis anschließend Indizes gebildet und als Näherungswert für das gesellschaftliche Engagement eines Unternehmens herangezogen werden können. Während eindimensionale Messkonstrukte entweder ökologische oder soziale Kennzahlen verwenden, lassen sie sich bei mehrdimensionalen Ansätzen kombinieren. *Lerner/Fryxell* (1988) prüfen beispielsweise sowohl den Einfluss von Daten des CEP als auch von karitativen Spenden und dem Frauen- sowie Minderheitenanteil im Top-Management auf verschiedene Erfolgskennzahlen.[151]

3.1.3 Messungen, die auf Inhaltsanalysen von Unternehmensveröffentlichungen basieren

Die Analyse von Unternehmensveröffentlichungen stellt eine weitere Möglichkeit dar, die CSP zu operationalisieren. Bei diesen Mess-

---

[148] Vgl. *Promberger/Spiess*, 2006, S. 46/47
[149] Vgl. *Margolis/Walsh*, 2003, S. 275; *Schreck*, 2009, S. 20
[150] Vgl. *Schreck*, 2009, S. 21
[151] Vgl. *Margolis/Walsh*, 2003, S. 277; *Schreck*, 2009, S. 21

konstrukten werden Inhalte aus unterschiedlichen Publikationen herangezogen, beispielsweise Jahresberichte, Mitarbeiterzeitungen oder zugängliche Reden von Unternehmensvertretern, und auf ihre Verbindung zu Erfolgskennzahlen hin untersucht.[152] Auch in dieser Kategorie gibt es eindimensionale und mehrdimensionale Ansätze. *Bowman/Haire* (1975) führen beispielsweise als eindimensionales Messkonstrukt eine rein quantitative Analyse durch, indem sie in Jahresberichten die relative Zeilenanzahl ermitteln, welche dem gesellschaftlichem Engagement gewidmet sind.[153] Obgleich die Technik der Inhaltsanalyse zwischenzeitlich deutlich verfeinert wurde, findet sie in neueren Studien kaum noch Verwendung.

3.1.4 Übergreifende Ratings und aggregierte Indizes

Studien aus der jüngeren Vergangenheit, wie etwa *McWilliams/Siegel* (2000) oder *Graves/Waddock* (2000), beziehen sich häufig auf Daten, die von unabhängigen Ratingagenturen wie *Kinder, Lydenber, Domini & Co.* (KLD) zur Verfügung gestellt werden.[154] KLD bewertet Unternehmen anhand verschiedener CSP-Attribute, beispielsweise Berücksichtigung der Umwelt, Beteiligung an Kernkraft oder Beziehung zu Arbeitnehmern/Angestellten.[155] Während einige Studien den Einfluss eines CSP-Attributs auf markt- oder buchhaltungsbasierte Erfolgskennzahlen gesondert untersuchen, bilden andere einen aggregierten Index über alle CSP-Attribute hinweg, dessen Einfluss auf verschiedene ökonomische Größen analysiert wird. *Ruf et al.* (2001) gewichten auf Basis einer Erhebung von Expertenmeinungen die einzelnen CSP-Attribute, bilden einen aggregierten Index und führen eine Regressionsanaly-

---

[152] Vgl. *Schreck*, 2009, S. 22

[153] Vgl. *Schreck*, 2009, S. 22

[154] Vgl. *Promberger/Spiess*, 2006, S. 60/61; *Schreck*, 2009, S. 22/23

[155] Die CSP-Attribute von KLD lassen sich drei Gruppen zuordnen, Beziehung zu Stakeholder-Gruppen, äußerer Druck/Zwänge und soziale (Problem-) Bereiche (vgl. *Promberger/Spiess*, 2006, S. 60).

se[156] durch. *Griffin/Mahon* (1997) verzichten demgegenüber vollständig auf eine Gewichtung einzelner CSP-Attribute. Sie kreieren aus vier unterschiedlichen Indizes ein Gesamtranking und untersuchen die Verbindung zu insgesamt fünf Erfolgskennzahlen.[157]

3.1.5 Meta-Analysen

Meta-Analysen sind Sekundärstudien und werden in der empirischen Sozialforschung angewendet, um als „Analyse der Analyse" die Resultate verschiedener, aber vergleichbarer Studien zu vereinen.[158] Einerseits gibt es qualitative Ansätze der Meta-Analyse, bei denen durch subjektive Einschätzungen neue Rückschlüsse aus vorherigen Studien gezogen werden.[159] Dieses Messkonstrukt haben beispielswiese *Preston/O'Bannon* (1997) oder *Margolis/Walsh* (2003) angewendet.[160] Andererseits existieren quantitative Verfahren, bei denen Primärstudien um methodologische Unterschiede[161] bereinigt werden.[162] Wissenschaftler sind damit in der Lage, verschiedene statistische Artefakte zu korrigieren und Ergebnisse aus verschiedenen Studien zu vereinen.[163] Die Meta-Analyse von *Orlitzky et al.* (2003) gilt als die bekannteste Studie dieser Art (diese Studie wird ausführlich in Kapitel 4.1 behandelt).

---

[156] Die Regressionsanalyse ist ein statistisches Analyseverfahren zur Untersuchung stochastischer (zufallsabhängiger) Zusammenhänge. Mit der Regressionsanalyse sollen Zusammenhänge zwischen einer abhängigen und einer oder mehreren unabhängigen Variablen festgestellt werden.

[157] Vgl. *Margolis/Walsh*, 2003, S. 274; *Schreck*, 2009, S. 24

[158] Vgl. *Promberger/Spiess*, 2006, S. 76

[159] Vgl. *Promberger/Spiess*, 2006, S. 76; *Schreck*, 2009, S. 24

[160] Vgl. *Margolis/Walsh*, 2003, S. 275; *Schreck*, 2009, S. 24

[161] Methodologische Unterschiede entstehen durch die Verwendung unterschiedlicher Messkonstrukte zur Bewertung der gesellschaftlichen und finanziellen Performance.

[162] Vgl. *Schreck*, 2009, S. 24

[163] Vgl. *Orlitzky et al.*, 2003, S. 406f.

3.2 Ergebnisse empirischer Studien

Der Zusammenhang zwischen der Übernahme gesellschaftlicher Verantwortung und finanziellem Unternehmenserfolg wird in der empirischen Forschung über die Verbindung von CSP und CFP gemessen (vgl. Kapitel 3.1). Im Jahr 2003 analysierten *Margolis/Walsh* 127 Studien, die zwischen 1972 und 2002 über den CSP/CFP-Link publiziert wurden.[164] Aus den Abbildungen 8 und 9 sind die Verfasser, das Erscheinungsjahr, die Bewertungsansätze der Faktoren CSP und CFP sowie die Studienergebnisse ersichtlich. Zusätzlich unterscheiden *Margolis/Walsh*, ob die Verfasser CSP als abhängige oder unabhängige Variable behandeln. Als unabhängige Variable wird die Kausalbeziehung in der Richtung analysiert, dass gesellschaftliches Engagement ökonomischen Erfolg auslösen kann (vgl. Kapitel 2.2.2, *Good Management Theory*). Als abhängige Variable geht die Untersuchung in die umgekehrte Richtung. Erst der ökonomische Erfolg kann dazu führen, dass Unternehmen gesellschaftliche Verantwortung übernehmen bzw. ausweiten (vgl. Kapitel 2.2.2, *Slack Resources Theory*).

109 der 127 von *Margolis/Walsh* (2003) analysierten Studien behandeln die CSP als unabhängige Variable (Abb. 10). 54 dieser Forschungsarbeiten interpretieren eine positive Korrelation zwischen CSP und CFP, nur 7 deuten eine negative Beziehung. 28 Studien liefern keine aussagekräftigen Belege für den CSP/CFP-Link und weitere 20 Arbeiten weisen unterschiedliche Resultate auf.

[164] Vgl. *Margolis/Walsh*, 2003, S. 273f.

	Messung der	
Studie	**CSP**	**CFP**
Positive Korrelation		
Anderson & Frankle (1980)	Disclosure of social performance	Market
Belkaoui (1976)	Disclosure of pollution control	Market
Blacconiere & Northcut (1997)	Disclosure of and expenditures on environmental practices	Market
Blacconiere & atten (1994)	Disclosure of and expenditures on environmental practices	Market
Bowman (1976)	Disclosure of social performance	Accounting
Bragdon & Karash (2002)	Stewardship, systems thinking, transparency, employee growth, financial strength	Market
Bragdon & Marlin (1972)	CEP evaluation	Accounting
Brown (1998)	*Fortune* reputation rating	Market
Christmann (2000)	Survey of environmental practices	Cost advantage
Clarkson (1988)	Ratings of charity, community relations, customer relations, environmental pracitces, human resource pracitces, and org. structures based on case studies	Accounting
Conine & Madden (1986)	*Fortune* reputation rating	Perception of value as long-term investment and of soundness of financial position
D'Antonio, Johnsen & Hutton (1997)	Mutual fund screens	Market
Dowell, Hart & Yeung (2000)	IRRC evaluation of environmental performance	Accounting & market
Epstein & Schnietz (2002)	Industry reputation for environment and labor abuses	Market
Freedman & Stagliano (1991)	Disclosure of EPA and OSHA costs	Market
Graves & Waddock (2000)	KLD evaluation	Accounting & market

Abbildung 10: Studien über die Beziehung zwischen CSP und CFP (CSP als unabhängige Variable)[165]

[165] Eigene Darstellung in Anlehnung an *Margolis/Walsh*, 2003, S. 274f.

	Messung der	
Studie	**CSP**	**CFP**
Positive Korrelation		
Griffin & Mahon (1997)	*Fortune* reputation rating, KLD evaluation, charitable contributions, pollution control	Accounting
Hart & Ahuja (1996)	IRRC evaluation of environmental performance	Accounting
Heinze (1976)	NACBS ratings	Accounting
Herremans, Akathaporn & McInnes (1993)	*Fortune* reputation rating	Accounting & market
Ingram (1978)	Disclosure of social performance	Market
Jones & Murrell (2001)	Working Mother list of „Most Family Friendly“ companies	Market
Judge & Douglas (1998)	Survey of environmental practices	Accounting & market
Klassen & McLaughlin (1996)	Environmental awards and crises	Market
Klassen & Whybark (1999)	Survey of environmental practices and TRI	Manufacturing cost, quality, speed, and flexibility
Konar & Cohen (2001)	TRI and environmental lawsuits	Accounting & market
Luck & Pilotte (1993)	KLD evaluation	Market
McGuire, Sundgren & Schneeweis (1988)	*Fortune* reputation rating	Accounting & market
Moskowitz (1972)	Observations of charitable contributions, consumer protection, disclosure, equal employment opportunity, human resource practices, South Africa operations, and urban renewal	Personal assessment
Nehrt (1996)	Timing an intensity of pollution-reducing technologies	Accounting
Newgren et al. (1985)	Survey of environmental practices	Market
Parket & Eilbirt (1975)	Survey on minority hiring and training, ecology, contributions to education and art	Accounting
Porter & van der Linde (1995)	Waste prevention practices	Accounting
Posnikoff (1997)	South Africa: divestment	Market

Abbildung 10 (Fortsetzung)

	Messung der	
Studie	**CSP**	**CFP**
Positive Korrelation		
Preston (1978)	Disclosure of social performance	Accounting
Preston & O'Bannon (1997)	*Fortune* reputation rating	Accounting
Preston & Sapienza (1990)	*Fortune* reputation rating	Market
Reiman (1975)	Survey of attitudes toward national government, suppliers, consumers, community, stockholders, creditors, and employees	Organizational competence
Russo & Fouts (1997)	FRDC ratings of environmental practices	Accounting
Shane & Spicer (1983)	CEP evaluation	Market
Sharma & Vredenburg (1998)	Survey of environmental strategy	Operational improvement
Simerly (1994)	*Fortune* reputation rating	Accounting & market
Simerly (1995)	*Fortune* reputation rating	Accounting
Spencer & Taylor (1987)	*Fortune* reputation rating	Accounting
Spicer (1978)	CEP evaluation	Accounting & market
Stevens (1984)	CEP evaluation	Market
Sturdivant & Ginter (1977)	Moskowitz ratings of social responsiveness	Accounting
Tichy, McGill & St. Clair (1997)	*Fortune* reputation rating	Accounting
Travers (1997)	Mutual fund screens	Market
Verschoor (1998)	Espoused commitment to ethics in annual report	Accounting & market
Verschoor (1999)	Explicit statement of an ethics code in annual report	Accounting & market
Waddock & Graves (1997)	KLD evaluation	Accounting
Wokutch & Spencer (1987)	*Fortune* reputation rating, charitable contributions, corporate crime	Accounting
Wright et al. (1995)	Awards from U.S. Dept. Of Labor for exemplary equal employment opportunity	Market

Abbildung 10 (Fortsetzung)

	Messung der	
Studie	**CSP**	**CFP**
Keine aussagekräftigen Belege		
Abbott & Monsen (1979)	Disclosure of social performance	Accounting
Alexander & Buchholz (1978)	Moskowitz ratings of social responsiveness	Market
Aupperle, Carroll & Hatfield (1985)	Survey of social responsibility practices and organizational structures	Accounting
Bowman (1978)	Disclosure of social performance	Accounting
Chen & Metcalf (1980)	CEP evaluation	Accounting & market
Fogler & Nutt (1975)	CEP evaluation	Market
Fombrun & Shanley (1990)	*Fortune* reputation rating	Accounting & market
Freedman & Jaggi (1982)	CEP evaluation	Accounting
Freedman & Jaggi (1986)	Disclosure of pollution	Market
Fry & Hock (1976)	Disclosure of social performance	Accounting
Greening (1995)	EIA reports on conservation practices	Accounting & market
Guerard (1997a)	KLD evaluation	Market
Hamilton, Jo & Statman (1993)	Mutual fund screens	Market
Hickman, Teets & Kohls (1999)	Mutual fund screens	Market
Hylton (1992)	Mutual fund screens	Market
Ingram & Frazier (1983)	Disclosure of environmental quality control	Accounting
Kurtz & DiBartolomeo (1996)	KLD evaluation	Market
Lashgari & Gant (1989)	South Africa: adherence to Sullivan priciples	Accounting
Luther & Matatko (1994)	Mutual fund screens	Market
Mahapatra (1984)	Disclosure of capital expenditures on pollution control	Market
McWilliams & Siegel (1997)	Awards from U.S. Dept. Of Labor for exemplary equal employment opportunity	Market
McWilliams & Siegel (2000)	KLD evaluation	Accounting
O'Neill, Saunders & McCarthy (1989)	Survey of directors' concern for social responsibility	Accounting

Abbildung 10 (Fortsetzung)

	Messung der	
Studie	**CSP**	**CFP**
Keine aussagekräftigen Belege		
Patten (1990)	South Africa: announcement of signing of Sullivan priciples	Market
Reyes & Grieb (1998)	Mutual fund screens	Market
Sauer (1997)	Mutual fund screens	Market
Teoh, Welch & Wazzan (1999)	South Africa: divestment	Market
Waddock & Graves (2000)	KLD evaluation	Accounting & market
Negative Korrelation		
Boyle, Higgins & Rhee (1997)	Compliance with Defense Industries Initiative	Market
Kahn, Lekander & Leimkuhler (1997)	Tobacco-free	Market
Meznar, Nigh & Kwok (1994)	South Africa: withdrawal	Market
Mueller (1991)	Mutual fund screens	Market
Teper (1992)	No alcohol, tobacco, gambling, defense contracts, or operations in South Africa; adherence to broad social guidelines	Market
Vance (1975)	Moskowitz ratings of social responsiveness	Market
Wright & Ferris (1997)	South Africa: divestment	Market
Unterschiedliche Resultate		
Belkaoui & Karpik (1989)	Disclosure of social performance and Moskowitz ratings of social responsiveness	Accounting & market
Berman et al. (1999)	KLD evaluation	Accounting
Blackburn, Doran & Shrader (1994)	CEP evaluation	Accounting & market
Bowman & Haire (1975)	Disclosure of social performance	Accounting
Brown (1997)	*Fortune* reputation rating	Market
Cochran & Wood (1984)	Moskowitz ratings of social responsiveness	Accounting & market

Abbildung 10 (Fortsetzung)

	Messung der	
Studie	**CSP**	**CFP**
Unterschiedliche Resultate		
Diltz (1995)	CEP evaluation	Market
Graves & Waddock (1994)	KLD evaluation	Accounting
Gregory, Matatko & Luther (1997)	Mutual fund screens	Market
Guerard (1997b)	KLD evaluation	Market
Hillman & Keim (2001)	KLD evaluation	Market
Holman, New & Singer (1990)	Disclosure of social performance & capital expenditures on regulatory compliance	Market
Kedia & Kuntz (1981)	Interview and survey on charitable contributions, low-income housing loans, minority enterprise loans, female corporate officers, and minority employment	Accounting & market share
Luther, Matatko & Corner (1992)	Mutual fund screens	Market
Mallin, Saadouni & Briston (1995)	Mutual fund screens	Market
Marcus & Goodman (1986)	Compliance with safety regulations	Capabilities & productive efficiency
McGuire, Schneeweis & Branch (1990)	*Fortune* reputation rating	Accounting & market
Ogden & Watson (1999)	Customer service complaints	Accounting & market
Pava & Krausz (1996)	CEP evaluation	Accounting & market
Rockness, Schlachter & Rockness (1986)	EPA and U.S. House of Representatives data on hazardours waste disposal	Accounting & market

Abbildung 10 (Fortsetzung)

22 der 127 Studien behandeln die CSP als abhängige Variable (Abb. 11). Die Ergebnisse von 16 dieser Forschungsarbeiten lassen einen positiven Zusammenhang vermuten, während jeweils 3 keine aus-

sagekräftigen Belege bzw. unterschiedliche Resultate liefern. 4 Studien untersuchen beide Richtungen der Kausalbeziehung, weshalb mehr Studienergebnisse als Forschungsarbeiten vorliegen.[166]

	Messung der	
Studie	**CSP**	**CFP**
Positive Korrelation		
Brown & Perry (1994)	*Fortune* reputation rating	Accounting & market
Cottrill (1990)	*Fortune* reputation rating	Market share
Dooley & Lerner (1994)	TRI	Accounting
Fry, Keim & Meiners (1982)	Charitable contributions	Accounting
Galaskiewicz (1997)	Charitable contributions	Accounting
Konar & Cohen (1997)	TRI	Market
Levy & Shatto (1980)	Charitable contributions	Accounting
Maddox & Siegfried (1980)	Charitable contributions	Accounting
Marcus & Goodman (1986)	Compliance with emissions regulations	Accounting
McGuire, Sundgren & Schneeweis (1988)	*Fortune* reputation rating	Accounting & market
Mills & Gardner (1984)	Disclosure of social performance	Accounting & market
Navarro (1988)	Charitable contributions	Accounting
Preston & O'Bannon (1997)	*Fortune* reputation rating	Accounting
Riahi-Belkaoui (1991)	*Fortune* reputation rating	Accounting & market
Roberts (1992)	CEP evaluation	Accounting & market
Waddock & Graves (1997)	KLD evaluation	Accounting

Abbildung 11: Studien über die Beziehung zwischen CSP und CFP (CSP als abhängige Variable)[167]

[166] Es handelt sich um die Studien *McGuire, Schneeweis & Branch* (1990); *McGuire, Sundgren & Schneeweis* (1988); *Preston & O'Bannon* (1997); *Waddock & Graves* (1997). Die Studie *Marcus & Goodman* (1986) enthält zwei separate Studien und wird daher doppelt gezählt. (Vgl. *Margolis/Walsh*, 2003, S. 277)

	Messung der	
Studie	**CSP**	**CFP**
Keine aussagekräftigen Belege		
Buehler & Shetty (1976)	Organizational programs in consumer affairs, environmental affairs, urban affairs	Accounting
Cowen, Ferreri & Parker (1987)	Disclosure of social performance	Accounting
Patten (1991)	Disclosure of social performance	Accounting
Unterschiedliche Resultate		
Johnson & Greening (1999)	KLD evaluation	Accounting
Lerner & Fryxell (1988)	CEP evaluation	Accounting & market
McGuire, Schneeweis & Branch (1990)	*Fortune* reputation rating	Accounting & market

Abbildung 11 (Fortsetzung)

[167] Eigene Darstellung in Anlehnung an *Margolis/Walsh*, 2003, S. 274f.

3.3 Bewertung empirischer Studien

3.3.1 Schwächen der Primärstudien

Um zu beurteilen, ob und welche Rückschlüsse aus den Forschungsarbeiten gezogen werden können, ist die Kenntnis über Schwächen der Primärstudien wesentlich. Nach *Ullmann* (1985) begrenzen theoretische Mängel, unvollständige Begriffsdefinitionen, Defizite im Wissen über empirische Forschung sowie Schwächen in der empirischen Datenbasis die Aussagekraft der Studienergebnisse.[168] Auch im Rahmen von Sekundärstudien wie etwa Meta-Studien werden Schwächen der Primärstudien deutlich: „The reviewers see problems of all kinds in this research. They identifiy sampling problems, concerns about the reliability and validity of the CSP and CFP measures, omission of controls, opportunities to test mediating mechanisms and moderating conditions, and a need for a causal theory to link CSP and CFP."[169] Im Folgenden werden wesentliche Schwächen der Primärstudien kurz beschrieben.

Das Problem der Messbarkeit

Die Analyse empirischer Korrelationen setzt deren Messbarkeit voraus.[170] Während zur Bewertung der finanziellen Performance überwiegend markt- oder buchhaltungsbasierte CFP-Erfolgskennzahlen verwendet werden, gibt es zum Messen der CSP kein einheitliches Vorgehen bzw. eine Vielzahl unterschiedlicher Messkonstrukte (vgl. Kapitel 3.1). Das Problem der Quantifizierbarkeit wird auch im Grünbuch „Europäische Rahmenbedingungen für die soziale Verantwortung der Unternehmen" (2001) beschrieben: „Exakt zu bewerten, welche Faktoren die Finanzerträge eines sozial verantwort-

---

[168] Vgl. *Promberger/Spiess*, 2006, S. 41
[169] Vgl. *Margolis/Walsh*, 2003, S. 278
[170] Vgl. *Schreck*, 2009, S. 89

lich handelnden Unternehmens determinieren, ist schwierig."[171] Auch *Habisch et al.* (2008) konstatieren, dass Kalkulation und Nachweis der finanziellen Auswirkungen für Wissenschaft und Unternehmenspraxis eine große Herausforderung darstellen.[172] Während sich das gesellschaftliche Engagement im Bereich der ökologischen Zielsetzungen durch eine verbesserte finanzielle Leistungsfähigkeit direkt nachweisen lässt, ist dies bei den sozialen Zielsetzungen schwieriger.[173] „Die Frage, welchen Anteil eine erhöhte Teamfähigkeit der Mitarbeiter, ein höherer Bekanntheitsgrad oder ein bestimmtes Netzwerk an Kostensenkungen oder Umsatzsteigerungen haben, ist selbst für abgeschlossene Projekte ohne Prognoseschwierigkeiten kaum präzise in Euro oder Dollar zu beantworten."[174]

Stakeholder-Mismatching

Das Problem des Stakeholder-Mismatching geht auf *Wood/Jones* (1995) zurück und beschreibt eine asymmetrische und ungerechtfertigte Gewichtung bestimmter Stakeholder-Gruppen.[175] In vielen Studien sei demnach eine überwiegend anleger- und investorenbezogene Sichtweise feststellbar, was die Aussagekraft der Studienergebnisse einschränkt. Auch eine überwiegend Kunden- oder NGO-orientierte Perspektive gibt nach *Wood/Jones* (1995) kein realistisches Bild der Realität wieder.

Schwächen in der Auswahl von Unternehmen und Betrachtungsperioden

Ullmann (1985) bemängelt neben weiteren Autoren die Vergleichbarkeit der Studienergebnisse, wenn die zugrunde liegenden Unter-

[171] Vgl. *KOM* (Hrsg.), 2001, S. 9
[172] Vgl. *Habisch et al.*, 2008, S. 21
[173] Vgl. *Hansen/Schrader*, 2005, S. 384
[174] Vgl. *Habisch et al.*, 2008, S. 22
[175] Vgl. *Wood/Jones*, 1995, S. 229f.

nehmen aus unterschiedlichen Branchen stammen.[176] Kritik entzündet sich auch an einer nicht nachvollziehbaren Anzahl und Auswahl von Unternehmen. So analysieren *Fogler/Nutt* (1975)[177] lediglich neun Unternehmen, was die Allgemeinverbindlichkeit und Zuverlässigkeit der Ergebnisse ihrer Forschungsarbeit stark einschränkt.[178]

Alexander/Buchholz (1978) bemängeln, dass in den Studien von *Moskowitz* (1972)[179] und *Vance* (1975)[180] der Untersuchungszeitraum zu kurz gewählt wurde.[181] Sechs Monate bzw. ein Jahr - je nach Fragestellung sind es bei *Vance* 3 Jahre - sind nach ihrer Überzeugung zu kurz, um aussagekräftige Erkenntnisse zu erlangen.

Forschungsergebnisse mit Vergangenheitsbezug

Wie bereits dargelegt unterliegt der *Business Case* dynamischen Veränderungen. Mit der gleichen Dynamik, mit der sich gesellschaftliche und wirtschaftliche Rahmenbedingungen vollziehen, ändert sich auch der Korridor, innerhalb dessen *Business Case* und *Social Case* gleichzeitig realisierbar sind (vgl. Kapitel 2.2.2 und Abb. 6). Forschungsergebnisse mit Vergangenheitsbezug sollten daher weder Grundlage für unternehmerische Entscheidungen sein noch unreflektiert in die Zukunft projiziert werden.[182]

Das Problem der Vergleichbarkeit

Wie bereits in Kapitel 3.1 dargelegt werden in den vorhandenen Studien unterschiedliche Messkonstrukte zur Bewertung der gesellschaftlichen Performance verwendet. Die relative Zeilenanzahl in

---

[176] Vgl. *Ullmann*, 1985, S. 546
[177] Vgl. *Margolis/Walsh*, 2003, S. 275
[178] Vgl. *Promberger/Spiess*, 2006, S. 42
[179] Vgl. *Margolis/Walsh*, 2003, S. 275
[180] Vgl. *Margolis/Walsh*, 2003, S. 276
[181] Vgl. *Alexander/Buchholz*, 1978, S. 479f.
[182] Vgl. *imug* (Hrsg.), 2006, S. 4

Jahresberichten, welche dem gesellschaftlichem Engagement gewidmet ist, und die Höhe der getätigten Wohltätigkeitsspenden sind jedoch kaum vergleichbar.[183] Um die Aussichtslosigkeit dieses Unterfangens zu verdeutlichen, bemühen *Promberger/Spiess* (2006) den Vergleich von Äpfeln und Birnen.[184] Da zur Bewertung der finanziellen Performance gleichzeitig markt- oder buchhaltungsbasierte CFP-Erfolgskennzahlen zur Anwendung kommen, ergeben sich kaum noch zu überschauende Kombinationsmöglichkeiten.

3.3.2 Rückschlüsse aus dem Forschungsstand

Den dargelegten Schwächen der Primärstudien zum Trotz, vermögen Unternehmenspraxis, Politik und Wissenschaft relativ eindeutige Rückschlüsse aus den von *Margolis/Walsh* (2003) analysierten Studien zu ziehen. Ein Betrachtungszeitraum von dreißig Jahren und unterschiedliche Bewertungsansätze bzw. Messkonstrukte erscheinen geradezu prädestiniert, die Studienergebnisse als aussagekräftigen Beleg für den CSP/CFP-Link zu werten. 70 von 127 Forschungsarbeiten interpretieren eine positive Korrelation zwischen CSP und CFP, nur 7 deuten eine negative Beziehung. *Orlitzky et al.* (2003) bemängeln diese als „Vote Counting" bezeichnete Methode einer Nachprüfung von Primärstudien. Beim „Vote Counting" wird zwischen signifikant positiven, signifikant negativen oder statistisch nicht signifikanten Studienergebnissen unterschieden, um sie anschließend zu kumulieren.[185] *Hedges/Olkin* (1980) unterstellen dieser Methode nur eine begrenzte Gültigkeit, weil insbesondere Mess- und Stichprobenfehler nicht korrigiert werden:[186] „This classic solution of vote counting of statistically significant and non-significant results sounds reasonable, but comes with a host of pit-

[183] Vgl. *Schreck*, 2009, S. 26
[184] Vgl. *Promberger/Spiess*, 2006, S. 78
[185] Vgl. *Orlitzky et al.*, 2003, S. 404
[186] Vgl. *Hedges/Olkin*, 1980, S. 359f.

falls and weaknesses."[187] Auch *Margolis/Walsh* (2003) werten die Studienergebnisse nicht als aussagekräftigen Beleg für den CSP/CFP-Link, obwohl sie mehrheitlich eine positive Korrelation zwischen CSP und CFP interpretieren. Zudem sehen *Margolis/Walsh* im konstanten Zustrom an Forschungsarbeiten ein grundsätzliches Problem: „What appears to be a definite link between CSP and CFP may turn out to be more illusory than the body of results suggests. The steady flow of research studies reflects ongoing efforts both to resolve the tension between advocates and critics of corporate social performance and to shore up the methodological and theoretical weaknesses in past studies."[188] Die Schwächen der Primärstudien (vgl. Kapitel 3.3.1) perpetuieren dabei die Suche nach dem CSP/CFP-Link: „[...] each successive study promises a definitive conclusion, while also revealing the inevitable inadequacies of empirically tackling the question."[189] Die andauernden Forschungsaktivitäten haben aus Sicht von *Margolis/Walsh* eine ironische und zweifellos unbeabsichtigte Wirkung: „The CSP-CFP empirical literature reinforces, rather than relieves, the tension surrounding corporate responses to social misery."

Zusammenfassend lässt sich festhalten, dass auf Basis der durchgeführten Primärstudien kein eindeutiger Beleg für den *Business Case von CSR* ableitbar ist. In Abhängigkeit vom Autor bzw. der verwendeten Informationsquelle wird dieses Fazit unterschiedlich umschrieben. Während beispielsweise *Matten/Palazzo* (2008) die Forschungsergebnisse als „ambivalent" bezeichnen, sind sie bei *Hansen/Schrader* (2005) „uneinheitlich" und bei *Promberger/Spiess* (2006) „widersprüchlich".[190] *Kurucz et al.* (2008) beschreiben die Resultate als „mixed" bzw. sehen „mixed evidence of a positive

---

187 Vgl. *Orlitzky*, 2008, S. 114

188 Vgl. *Margolis/Walsh*, 2003, S. 278

189 Vgl. *Margolis/Walsh*, 2003, S. 278

190 Vgl. *Matten/Palazzo*, 2008, S. 56; *Hansen/Schrader*, 2005, S. 384; *Promberger/Spiess*, 2006, S. 76

business case for CSR".[191] Auch *Orlitzky* (2008) interpretiert eine „variability in findings" und konstatiert: „[...] the empirical evidence is too mixed to allow for any firm conclusions".[192]

[191] Vgl. *Kurucz et al.*, 2008, S. 85/86
[192] Vgl. *Orlitzky*, 2008, S. 113

4 Forschungsansätze auf Basis des Forschungsstands und der identifizierten Schwächen

Im dritten Kapitel wurden Forschungsresultate über die Verbindung von CSP und CFP sowie die Schwächen der Primärstudien behandelt. Die unzureichende Aussagekraft der empirischen Studien bildet die Grundlage für drei unterschiedliche Forschungsansätze, denen das vierte Kapitel gewidmet ist: Die „psychometrische Meta-Analyse" von *Orlitzky et al.* (2003), der „‚bessere' Business Case jenseits rein ökonomischer Konzepte" von *Kurucz et al.* (2008) sowie die „methodologisch differenzierte Analyse des CSP/CFP-Links" von *Schreck* (2009).

4.1 Die „psychometrische Meta-Analyse" von *Orlitzky et al.*

Ein Ansatz zum Umgang mit den widersprüchlichen Resultaten aus über 30 Jahren Forschungsarbeit und den identifizierten Schwächen der Primärstudien stellt die „psychometrische Meta-Analyse" von *Orlitzky et al.* aus dem Jahr 2003 dar.[193] Wie in Kapitel 3.1.5 erläutert werden Meta-Analysen in der empirischen Sozialforschung angewendet, um als „Analyse der Analyse" die Resultate verschiedener, aber vergleichbarer Studien zu vereinen. Mit ihrem qualitativen Ansatz bereinigen *Orlitzky et al.* methodologische Unterschiede und korrigieren verschiedene statistische Artefakte.

Orlitzky et al. sehen in ihrer „psychometrischen Meta-Analyse" einen im Vergleich zu anderen Sekundärstudien präziseren Ansatz, weil statistische Artefakte wie etwa Mess- und Stichprobenfehler korrigiert werden:[194] „[...] not only takes into account sample size differences, but also corrects for measurement error (unreliability in measures), dichotomization of variables, and several other study

---

[193] Vgl. *Orlitzky et al.*, 2003, S. 403f.

[194] Vgl. *Orlitzky et al.*, 2003, S. 404

artifacts that typically affect primary studies."[195] *Orlitzky et al.* erweitern die den Faktoren CSP und CFP zugrunde liegenden Bewertungsansätze und berücksichtigen den Zeitverzug zwischen den Messungen von gesellschaftlicher und finanzieller Performance.[196] Zusätzlich integrieren sie Studienergebnisse aus unterschiedlichen Zusammenhängen um nach Moderatorvariablen[197] und statistischen Artefakten zu suchen, welche die widersprüchlichen Resultate vorheriger Forschungsarbeiten zu erklären vermögen.[198] Obgleich *Orlitzky et al.* einen Stichprobenumfang von 52 Studien und 33.878 Beobachtungen analysieren, gelangen sie zu vier relativ unpräzisen Schlussfolgerungen:

„Quer über Studien korreliert CSP positiv mit CFP; die Verbindung tendiert zu Wechselseitigkeit und verläuft simultan; Reputation erscheint als eine bedeutende Mediatorvariable[199] in der Beziehung zwischen wirtschaftlichem Erfolg und CSR; Stakeholder-Mismatching[200], Mess- und Stichprobenfehler sind im Wesentlichen für die Schwankungen in den Resultaten vorheriger Forschungsarbeiten verantwortlich."[201]

Orlitzky et al. leiten aus ihrer „psychometrischen Meta-Analyse", die mehr als 30 Jahre Forschungsarbeit integriert, einen eindeutigen

---

[195] Vgl. *Orlitzky*, 2008, S. 114

[196] Vgl. *Orlitzky et al.*, 2003, S. 405

[197] Vgl. Kapitel 1.3.6

[198] Vgl. *Orlitzky et al.*, 2003, S. 405

[199] Vgl. Kapitel 1.3.7

[200] Vgl. dazu die Erläuterungen in Kapitel 3.3.1

[201] Vgl. *Orlitzky et al.*, 2003, S. 427, eigene Übersetzung
Der Originaltext lautet: „This meta-analysis has shown that (1) across studies, CSP is positively correlated with CFP, (2) the relationship tends to be bidirectional and simultaneous, (3) reputation appears to be an important mediator of the relationship, and (4) stakeholder mismatching, sampling error, and measurement error can explain between 15 percent and 100 percent of the cross-study variation in various subsets of CSP-CFP correlations."

Beleg für den *Business Case von CSR* ab: „The results of this meta-analysis show that there is a positive association between CSP and CFP across industries and across study contexts."[202] Dieses Fazit schränken sie insofern ein, dass Mediatorvariablen wie etwa Reputations-Effekte für Schwankungen in der positiven Verbindung verantwortlich sein können („from highliy positive to modestly positive"). Die Allgemeingültigkeit ihrer Schlussfolgerung vermag dies jedoch nicht zu beeinträchtigen. *Orlitzky et al.* sehen den Beweis erbracht, dass es sich bei der Korrelation von CSP und CFP um ein „universally positive relationship" handelt.[203] Sie widerlegen damit auch Positionen aus der vermeintlich[204] neoklassischen Perspektive, wonach CSR eine illegitime Ressourcenverwendung darstellt. *Orlitzky et al.* konstatieren mit Bezug auf den Standpunkt von *Milton Friedman*[205], ihre Meta-Analyse „[...] rejects the idea that CSP is necessarily inconsistent with shareholder wealth maximization."[206] Weil Marktkräfte im Allgemeinen eine hohe CSR nicht bestrafen, können es sich Unternehmen leisten, gesellschaftliche Verantwortung zu übernehmen.[207] Der durch die Meta-Analyse erbrachte Beweis einer allgemein positiven Verbindung („universally positive relationship") wird Grundlage für unternehmerische bzw. strategische Entscheidungen: „As findings about the positive relationships between CSP and CFP become more widely known, managers may be more likely to pursue CSP as part of their strategy for attaining high CFP."[208]

---

[202] Vgl. *Orlitzky et al.*, 2003, S. 423
[203] Vgl. *Orlitzky et al.*, 2003, S. 423
[204] Wie bereits in der Einleitung dargelegt beziehen sich die Kritiker von CSR fälschlicherweise direkt oder indirekt auf den angelsächsischen Kapitalismus bzw. auf *Adam Smith*.
[205] Vgl. Kapitel 2.2.1
[206] Vgl. *Orlitzky et al.*, 2003, S. 424
[207] Vgl. *Orlitzky et al.*, 2003, S. 426
[208] Vgl. *Orlitzky et al.*, 2003, S. 426

Neben den dargelegten Schlussfolgerungen leiten *Orlitzky et al.* aus ihrer „psychometrischen Meta-Analyse" auch Rückschlüsse für zukünftige Forschungsarbeiten ab. Diese Rückschlüsse, die *Orlitzky* in einem im Jahr 2008 veröffentlichten Beitrag aufgreift, haben für die „methodologisch differenzierten Analyse des CSP/CFP-Links" von *Schreck* (2009)[209] eine gewisse Relevanz und werden daher kurz beschrieben.

Orlitzky et al. konstatieren im Jahr 2003, dass CSP als „core construct" auf vielfältige Weise gemessen bzw. bewertet werden kann.[210] Ihnen erscheint dies wenig problematisch, da CSR als „breites Konstrukt" mit unterschiedlichen Methoden operationalisiert werden kann bzw. operationalisiert werden sollte.[211] *Orlitzky* greift dies im Jahr 2008 auf und präzisiert, inwiefern sich CSP von CSR unterscheidet: „CSP includes organizational processes of environmental assessment, stakeholder management, and issues management, but also, and perhaps most important, various measures of its external manifestations and societal effects, such as social impacts." Angesichts dieser offenkundigen Komplexität sieht *Orlitzky* die „construct validity"[212] als Schlüsselproblem:[213] „[...] what some people regard as the epitome of CSR (e.g. affirmative action) is denounced by others as morally questionable organizational conduct."[214] Eine „anything-goes-Definition" verschafft hier ebenso wenig Abhilfe wie ein absolutistisches Festhalten an bestimmten Ideologien. Vielmehr ist konzeptionell Konsens über diejenigen Aktivitäten herzustellen, „[...] that have a net positive impact on business

[209] Siehe Kapitel 4.3

[210] Vgl. *Orlitzky et al.*, 2003, S. 425

[211] Vgl. *Orlitzky et al.*, 2003, S. 425

[212] „Construct validity refers to the degree of correspondence between a variable's operationalization and the conceptual definition, or mental image, of the construct that such a measure is designed to represent." (Vgl. *Orlitzky*, 2008, S. 116)

[213] Vgl. *Orlitzky*, 2008, S. 127

[214] Vgl. *Orlitzky*, 2008, S. 127

environments."[215] *Olitzky* stellt schließlich fest, dass CSP als Konstrukt vermutlich mehr Fragen aufwirft als es beantwortet.[216]

Neben Fragen der Operationalisierung der gesellschaftlichen Performance sehen *Orlitzky et al.* (2003) und *Orlitzky* (2008) weiteren Handlungs- bzw. Forschungsbedarf bei den Bewertungsansätzen der Faktoren CSP und CFP: „[...] must make a concerted effort to improve the reliability of CSP and CFP measures."[217] Durch „bessere Bewertungsansätze" sollen Wissenschaft und Unternehmenspraxis u.a. in die Lage versetzt werden, die Effekte von Moderatorvariablen sowie Mediatorvariablen „mit größerem Vertrauen" zu bewerten.[218] *Orlitzky* widmet sich dabei insbesondere den Wirkungen der Mediatorvariablen: „[...] the meta-analytic evidence can also shed more light on the possible mediators or causal linkages between the two core constructs."[219] Neben Erkenntnissen über die Verbindung zwischen wirtschaftlichem Erfolg und CSR im Allgemeinen erhoffen sich *Orlitzky et al.* Klarheit in Fällen, bei denen relativ hohe Abweichungen zwischen den Studienergebnissen verbleiben.[220]

Es wird gezeigt werden, dass *Orlitzky et al.* und *Orlitzky* mit o.g. Rückschlüssen den Rahmen für einen differenzierten Forschungsansatz abstecken, den *Schreck* im Jahr 2009 aufgreift und weiterentwickelt (siehe Kapitel 4.3).

Abschließend lässt sich festhalten, dass aus der „psychometrischen Meta-Analyse" neben *Orlitzky et al.* und *Orlitzky* weitere Autoren einen eindeutigen Beleg für den *Business Case von CSR* ableiten. Während *Kurucz et al.* (2008) eine „generell positive Beziehung" le-

---

[215] Vgl. *Orlitzky*, 2008, S. 127
[216] Vgl. *Orlitzky*, 2008, S. 127
[217] Vgl. *Orlitzky et al.*, 2003, S. 425
[218] Vgl. *Orlitzky*, 2008, S. 128
[219] Vgl. *Orlitzky*, 2008, S. 117
[220] Vgl. *Orlitzky et al.*, 2003, S. 425

diglich jenseits der Ebene einzelner Unternehmen interpretieren („across industries and across study contexts"),[221] deuten *Promberger/Spiess* (2006) einen „Meilenstein" sowie eine „schlüssige und weitgehend akzeptable Antwort".[222] Auf Basis der „psychometrischen Meta-Analyse" seien Unternehmensführungen in der Lage, sich entsprechend zu positionieren und ihre unternehmerischen Entscheidungen empirisch zu untermauern.[223]

Im Zusammenhang mit der „psychometrischen Meta-Analyse" von *Orlitzky et al.* und *Orlitzky* wird darüber hinaus eine bestimmte Forschungsrichtung deutlich. Die Ausführungen der Autoren sind geprägt von der Suche nach einem aussagekräftigen Beleg, der generell und ohne Einschränkungen gilt. Dieser Tenor zieht sich als roter Faden von der Einleitung bis zur Diskussion der Resultate durch die gesamte Forschungsarbeit. Gleich zu Beginn beanstanden *Orlitzky et al.* den Mangel an „klaren Antworten", „generalisierbarem Wissen" oder die ergebnislos verlaufene Suche nach „stabilen kausalen Modellen".[224] Die Suche nach dem vorbehaltslosen Nachweis manifestiert sich auch in einer Hypothese, die *Orlitzky et al.* im Verlauf ihrer Forschungsarbeit ableiten und letztlich bestätigen: „Corporate social performance and financial performance are generally positively related across a wide variety of industry and study contexts."[225] Diese generelle Schlussfolgerung greifen sowohl *Orlitzky et al.* als auch *Orlitzky* nochmals in ihren abschließenden Diskussionen auf bzw. umschreiben sie entsprechend.[226]

---

[221] Vgl. *Kurucz et al.*, 2008, S. 84
[222] Vgl. *Promberger/Spiess*, 2006, S. 76
[223] Vgl. *Promberger/Spiess*, 2006, S. 76
[224] Vgl. *Orlitzky et al.*, 2003, S. 403/404
[225] Vgl. *Orlitzky et al.*, 2003, S. 406
[226] Vgl. *Orlitzky et al.*, 2003, S. 423f.; *Orlitzky*, 2008, S. 126f.

4.2 Der „,bessere' Business Case jenseits rein ökonomischer Konzepte" von *Kurucz et al.*

Kurucz et al. (2008) präsentieren einen anderen Ansatz zum Umgang mit den widersprüchlichen Resultaten aus über 30 Jahren Forschungsarbeit und den identifizierten Schwächen der Primärstudien. Die Autoren beschreiben zunächst verschiedene Erfolgs- oder Nutzenwirkungen von vier „general types of Business Case for CSR", bevor sie den Forschungsrahmen für einen „besseren" *Business Case* abstecken. Dabei konzipieren *Kurucz et al.* einen qualitativen Forschungsansatz, der nicht ausschließlich auf die Verbindung von CSP und CFP ausgerichtet ist.

Wie bereits dargelegt interpretieren *Kurucz et al.* die von *Orlitzky et al.* (2003) und *Orlitzky* (2008) postulierte „generell positive Beziehung" lediglich jenseits der Ebene einzelner Unternehmen: „At the level of the individual firm, however, the question persists for both academics and practicing managers: is there a generalizable 'business case' for CSR, and if so, what are its dimensions?"[227] Aus dieser Einschätzung bzw. Fragestellung werden zwei Sachverhalte deutlich. Zum einen verändern *Kurucz et al.* die Perspektive, indem sie sich von der Makroebene („across industries and study contexts") auf die Mikroebene einzelner Unternehmen begeben. Zum anderen greifen sie eine Schlussfolgerung von *Orlitzky et al.* und *Orlitzky* auf, die einen „generalisierbaren" *Business Case* interpretieren. Im Unterschied zu den Verfassern der „psychometrischen Meta-Analyse" formulieren *Kurucz et al.* die Zielsetzung, einen „robusteren" *Business Case* zu entwickeln, der sich jenseits bestehender Einschränkungen bewegt.[228] Die Gestaltung dieses „soliden" *Business Case* könne sich nicht darin erschöpfen, die unwiderlegbar vorhandene Kausalverbindung zwischen CSP und CFP aufzuspü-

[227] Vgl. *Kurucz et al.*, 2008, S. 84
[228] Vgl. *Kurucz et al.*, 2008, S. 84

ren:[229] „[...] there logically cannot be a consistently positive relationship between these two constructs [...] it is an extreme, untenable proposition to assert that any management initiative is always positively correlated with financial results under any conditions."[230] *Kurucz et al.* bemängeln, dass die Suche nach der Begründung einer positiven Verbindung in den meisten Fällen ausschließlich auf ökonomische Aspekte ausgerichtet sei.[231] Sie regen daher an, einen *Business Case* zu entwickeln, der sich von dem in der Literatur derzeit vorherrschenden Ansatz qualitativ unterscheidet.[232]

In der Einleitung ihrer Forschungsarbeit behandeln *Kurucz et al.* die bereits in Kapitel 2.1 dargelegte Dilemmasituation aus erhöhtem gesellschaftlichen und wirtschaftlichen Druck, denen Unternehmen ausgesetzt sind: „We take the view that managing a business enterprise is an increasingly complex task in an era of globalized trade and competition, exponentially faster information flow, highly fluid capital markets, and greater interconnectedness among civil society groups." Die Trennung von Belangen der Gesellschaft und Belangen der Unternehmen sei heutzutage nicht nur „konzeptionell hinfällig", sondern auch „pragmatisch unhaltbar".[233] Prinzipien zur Gestaltung eines „besseren" *Business Case* müssten somit die veränderten Rahmenbedingungen für Unternehmen auf globaler Ebene berücksichtigen.[234]

Im Folgenden beschreiben *Kurucz et al.* vier „general types of Business Case for CSR", denen sie verschiedene Erfolgs- oder Nutzenwirkungen zuordnen: *Cost and Risk Reduction, Competitive Advantage, Reputation and Legitimacy* sowie *Synergistic Value Creation*

[229] Vgl. *Kurucz et al.*, 2008, S. 85
[230] Vgl. *Kurucz et al.*, 2008, S. 98
[231] Vgl. *Kurucz et al.*, 2008, S. 86
[232] Vgl. *Kurucz et al.*, 2008, S. 86
[233] Vgl. *Kurucz et al.*, 2008, S. 85
[234] Vgl. *Kurucz et al.*, 2008, S. 85

(vgl. Kapitel 2.2.2). Die anschließende Analyse der zugrunde liegenden Merkmale und grundsätzlichen Annahmen verdeutlicht wesentliche Unterschiede zwischen den vier Bereichen.[235] Anhand dieser Unterschiede leiten *Kurucz et al.* verschiedene Schlussfolgerungen ab:

„Der Bereich zur Gestaltung eines Business Case beinhaltet explizit Möglichkeiten zur Wertschöpfung auf verschiedenen Ebenen, die aufeinander aufbauen oder als verschachtelte Systeme bestehen; es gibt alternative Wege, wie ein Business Case entworfen werden kann; Methoden, mit denen der Business Case beschrieben und begründet wird, könnten weiter gefasst sein als sie es üblicherweise sind."[236]

Im weiteren Verlauf ihrer Forschungsarbeit widmen sich *Kurucz et al.* der „generellen Kritik" am *Business Case*. Sie betrachten die *Ebene der Begründung* (Unternehmen und Gesellschaft), die *Logik der Begründung* (ökonomisch, ethisch, politisch, gesellschaftlich) sowie das *Fundament der Begründung* (positivistisch, antipositivistisch, pragmatisch).[237] *Kurucz et al.* halten diese Probleme für teilweise unlösbar und sehen im Konstrukt CSR eine Verschärfung der selbigen. Da sie von Lösungsvorschlägen absehen und zum nächsten Teil ihrer Forschungsarbeit überleiten, wird der Aspekt der „generellen Kritik" nicht weiter vertieft.

Kurucz et al. widmen sich nun den Prinzipien zur Gestaltung eines „besseren" *Business Case*. Sie betrachten dazu drei CSR-

---

[235] *Kurucz et al.* analysieren zugrunde liegende Merkmale wie etwa „key value proposition" und grundsätzliche Annahmen wie etwa „epistemological stance".
Weitere Informationen unter *Kurucz et al.*, 2008, S. 92f.

[236] Vgl. *Kurucz et al.*, 2008, S. 97, eigene Übersetzung

[237] Vgl. *Kurucz et al.*, 2008, S. 97f.

Forschungsepochen[238] und erörtern die unterschiedlichen Verkörperungen des *Business Case* in Relation zu diesen Ären.[239] Anschließend werden Möglichkeiten erörtert, in welche Richtung sich die CSR-Forschung bewegen sollte, um eine „postkonventionelle" Sichtweise auf den *Business Case* zu erlangen.[240] *Kurucz et al.* entwerfen schließlich drei Empfehlungen, wie ein „robusterer", „nuancierterer" und „zwingenderer" *Business Case* konzipiert werden könnte:[241]

System-Komplexität anerkennen

Um die Schwierigkeiten bei der Gestaltung eines *Business Case* zu überwinden halten es *Kurucz et al.* für essenziell, den Bezugspunkt zu erweitern, auf den sich die Wirtschaft referenziert. Durch die Verlagerung vom „organisationszentrischen Blickwinkel" zur „Organisation-und-Gesellschaft-Sichtweise" werden Unternehmen Bestandteil eines integralen, komplexen Netzwerks.

Integrative Kapazitäten aufbauen

Die zweite Empfehlung von *Kurucz et al.* zur Gestaltung eines „besseren" *Business Case* bezieht sich auf das Fördern von „integrativen Kapazitäten" bzw. dem Anregen von Holismus[242]. Um die „ökonomisch/ethische Teilung" von CSR zu überwinden sei es notwendig, weniger reduktive oder fragmentierte Ansätze zu verfolgen, sondern einen mehr „integrativen Blickwinkel" einzunehmen. Diese in-

---

238 Hier handelt es sich um die Forschungsepochen „shareholder primacy", „stakeholder management" und „social integration".
Weitere Informationen unter *Kurucz et al.*, 2008, S. 100f.

239 Vgl. *Kurucz et al.*, 2008, S. 100

240 Vgl. *Kurucz et al.*, 2008, S. 100f.

241 Vgl. *Kurucz et al.*, 2008, S. 103f.

242 Im Holismus, auch als Ganzheitslehre bezeichnet, sind die Elemente eines Systems vollständig durch ihre Strukturbeziehungen bestimmt. Die forschungsleitende These wird i.d.R. damit begründet wird, dass das Ganze mehr sei als die Summe seiner Teile.

tegrativen Kapazitäten manifestieren sich am Ort der Wertschöpfung, der von Unternehmen über „wertorientierte Gemeinschaften" hin zu einer Sichtweise „integralen Gemeinguts" wandert.[243] Die Abkehr vom Unternehmen als zentralem Betrachtungsobjekt der CSR-Forschung sei erforderlich, um den Kontext zu erweitern, in dem menschliche Beziehungen betrachtet werden müssen. *Kurucz et al.* halten die Anschauung von der Wirtschaft als „verflochtenem System" für essenziell, um die Komplexität der Globalisierung und die „Wechselwirkungen von Systemen" zu verstehen.[244] CSR entsteht aus diesem Blickwinkel eher aus strategischen Überlegungen heraus denn als Zusatz („add-on"). Dies erfordert eine Abkehr vom Stakeholder-Ansatz der Unternehmen hin zu einem „Inter-System-Ansatz" der Wirtschaft: „[...] shifting the assumption of corporations as autonomous or independent entities, which secondarily consider their obligations to the community, toward a view of firms as part of the communities that created them."[245]

Pragmatismus stärken

Ihre dritte und letzte Empfehlung widmen *Kurucz et al.* erkenntnistheoretischen Überlegungen. Zur Gestaltung eines „besseren Business Case" sei es wichtig, jenseits positivistischer und konstruktivistischer Erkenntnistheorien einen „pragmatischen Blickwinkel" einzunehmen. Aus der „nützlicheren" pragmatischen Perspektive ergeben sich durch das Anerkennen von System-Komplexität („becoming more integral") und den Aufbau von integrativen Kapazitäten („becoming more integrative") mehr Möglichkeiten zur Wertschöpfung. Diese Möglichkeiten lassen sich mit traditionellen, quantitativen Bewertungsansätzen nur schwer messen, weshalb mehr qualitative, narrative Ansätze erforderlich sind.

---

243 Vgl. *Kurucz et al.*, 2008, S. 104/105
244 Vgl. *Kurucz et al.*, 2008, S. 104
245 Vgl. *Kurucz et al.*, 2008, S. 104

Zum Abschluss ihrer Forschungsarbeit fassen *Kurucz et al.* die vorstehend genannten Empfehlungen in einem Ausspruch zusammen. Die Inhalte dieses Ausspruchs sind zusätzlich in Abbildung 12 wiedergegeben.

„Falls die vier ‚general types of Business Case for CSR' entlang einer holistischen Abfolge betrachtet werden, jeder den vorigen einschließend, und falls CSR-Zielsetzungen integrativ definiert werden, als gleichzeitige Wertschöpfung für Unternehmen und Gesellschaft, und falls der Business Case for CSR entworfen wird als ein pragmatisches, experimentelles Streben nach einer besseren Gesellschaft und besseren Unternehmen, dann wäre der Business Case for CSR ein relevantes Konzept und würde ganz anders aussehen als heute."[246]

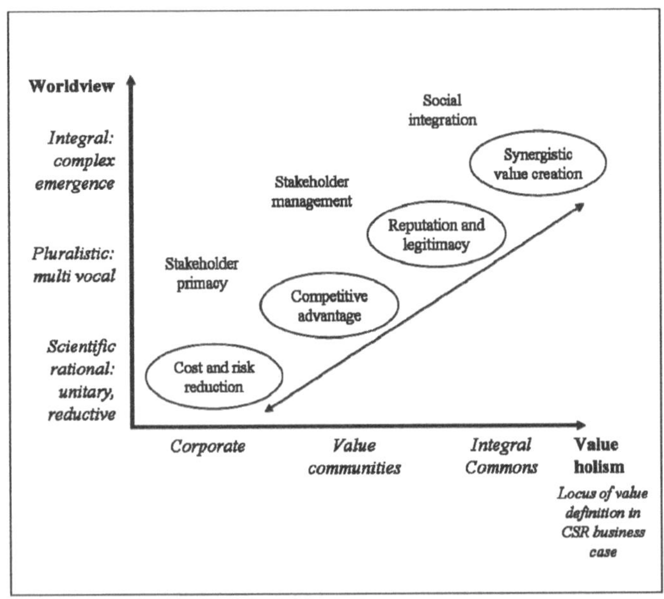

Abbildung 12: Die vier Arten der Wertschöpfung im *Business Case von CSR*[247]

[246] Vgl. *Kurucz et al.*, 2008, S. 105/106, eigene Übersetzung

[247] Eigene Darstellung in Anlehnung an *Kurucz et al.*, 2008, S. 103

4.3 Die „methodologisch differenzierte Analyse des CSP/CFP-Links" von *Schreck*

Einen weiteren Ansatz zum Umgang mit den widersprüchlichen Resultaten aus über 30 Jahren Forschungsarbeit und den identifizierten Schwächen der Primärstudien präsentiert *Schreck* (2009) mit seiner „methodologisch differenzierten Analyse des CSP/CFP-Links". Anstelle der von *Orlitzky et al.*, *Orlitzky* und *Kurucz et al.* propagierten Suche nach der vorbehaltslosen, generellen Verbindung zwischen wirtschaftlichem Erfolg und CSR wird ein differenzierter Forschungsrahmen konzipiert. *Schreck* greift damit den von *Orlitzky et al.* und *Orlitzky* skizzierten Forschungsansatz auf und entwickelt ihn weiter. So wird insbesondere analysiert, unter welchen Voraussetzungen mögliche Erfolgs- oder Nutzenwirkungen eintreten bzw. welche Mechanismen dafür verantwortlich sind.

In Übereinstimmung mit *Hesse/Schrader* (2005) oder *Kurucz et al.* (2008) bemängelt *Schreck* die uneinheitlichen Resultate der vorhandenen Studien. Trotz ihrer langjährigen Tradition konnte die empirische Forschung nicht überzeugend die Hoffnung bestätigen, wonach gesellschaftliches Engagement „bedingungslos" zu einer Win-Win-Situation führt.[248] Die Mehrdeutigkeit der Forschungsergebnisse wird mit Verweis auf die verwendeten Daten und methodologischen Unterschiede erklärt, die so schwerwiegend seien, dass die Vergleichbarkeit der zugehörigen empirischen Resultate unmöglich ist.[249] Ohne den Ansatz von *Orlitzky et al.* und *Orlitzky* direkt zu erwähnen kritisiert *Schreck* Meta-Analysen, welche die Resultate vorheriger Forschungsarbeiten verwenden, ohne ihre methodologischen Unterschiede zu berücksichtigen: „Looking for the ultimate CSP/CFP-Link means treating different studies under the same la-

[248] Vgl. *Schreck*, 2009, S. 2
[249] Vgl. *Schreck*, 2009, S. 2

bel; this leaves no room for differentiation and leads to a loss of information."[250]

Im Folgenden werden diejenigen Kapitel der Studie von *Schreck* näher betrachtet, welche im unmittelbaren Zusammenhang mit der Erarbeitung seines Forschungsansatzes stehen, der „methodologisch differenzierten Analyse des CSP/CFP-Links".

Schreck steckt im zweiten Kapitel den Rahmen zur Analyse der ökonomischen Auswirkungen von CSR ab. Unter anderem klassifiziert er dabei die vorhandenen empirischen Studien über den CSP/CFP-Link (vgl. Kapitel 3.1) und versucht zu erklären, weshalb bislang alle Versuche gescheitert sind, „klare Ergebnisse" hinsichtlich der Existenz, Stärke und Richtung der Kausalbeziehung zu erlangen. Auf Basis dieser Rückschlüsse wird schließlich der Rahmen für eine methodologisch differenzierte Analyse des CSP/CFP-Links konzipiert (Abb. 13).

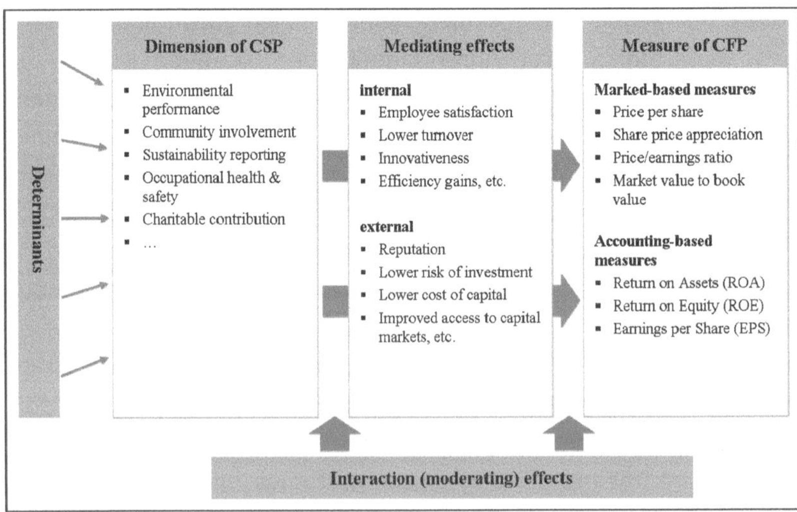

Abbildung 13: Der Rahmen für die methodologisch differenzierte Analyse des CSP/CFP-Links[251]

[250] Vgl. *Schreck*, 2009, S. 2, 26

Nachfolgend werden die einzelnen Elemente der methodologisch differenzierten Analyse des CSP/CFP-Links aus Abbildung 13 kurz beschrieben.

Determinanten - wann kann mit einer überdurchschnittlichen Corporate Social Performance gerechnet werden?

Schreck sieht in der Suche nach Determinanten eine besondere Relevanz für das Forschungsziel seiner Studie. Das Identifizieren der Gründe, weshalb Unternehmen CSR betreiben, erlaubt erste Rückschlüsse hinsichtlich der Hypothesen über den CSP/CFP-Link.[252] „[...] it is unlikely that all companies evenly pursue CSP under all circumstances, because external expectations to companies generally vary according to determinants such as the industry, product characteristics, or firm size, to name just a few."[253] *Schreck* nennt als Beispiele solcher Determinanten die Eigentümerverhältnisse, der gewerkschaftliche Organisationsgrad, mögliche Engpässe an qualifizierten Beschäftigten, Unternehmensgröße und Diversifikation sowie die allgegenwärtige Präsenz einer Industrie oder eines Unternehmens.[254]

CSP-Dimensionen - Aufspalten des Konstrukts Corporate Social Performance

Wie bereits in Kapitel 3.1 dargelegt werden in den vorhandenen Studien unterschiedliche Messkonstrukte zur Bewertung der gesellschaftlichen Performance verwendet. *Schreck* konstatiert mit Bezug auf die unterschiedlichen Operationalisierungen: „[...] claiming that these very different measures would reflect the same phenomenon, namely CSP, eventually denies the construct's inherently multidimensional nature and renders the respective results incompara-

---

[251] Eigene Darstellung in Anlehnung an *Schreck*, 2009, S. 25
[252] Vgl. *Schreck*, 2009, S. 27
[253] Vgl. *Schreck*, 2009, S. 28
[254] Vgl. *Schreck*, 2009, S. 28

ble."[255] Korrelations-Analysen sollten demzufolge lediglich die Effekte zwischen CFP und einzelnen CSP-Komponenten bewerten, anstelle nach einer „allgemeinen" Beziehung zwischen CSP und CFP zu suchen.[256] „This would then lead to a more differentiated analysis than questions of the type 'do socially responsible companies generally perform better?'"[257]

Mediatoreffekte – warum sollte ein CSP/CFP-Link existieren?

„[...] there is no reason for the existence of a (causal) relationship between CSP and CFP unless one takes into consideration certain mechanisms that provide an explanation for why such a link should exist."[258] *Schreck* zielt damit auf die Suche nach Mediatoreffekten ab: „Die Fähigkeit, auf der einen Seite höhere Gewinnmargen durch eine bessere Kundenzufriedenheit zu erzielen und auf der anderen Seite eine höhere Mitarbeiterzufriedenheit zu besitzen, die zu einer besseren Produktivität führt, kann beides positive Auswirkungen auf die CFP eines Unternehmens haben, wird aber durch völlig unterschiedliche und individuelle Mechanismen ausgelöst."[259] *Schreck* unterscheidet zwischen internen und externen Mediatoreffekten. Interne Mediatoreffekte entstehen in erster Linie durch die Mitarbeiterinnen und Mitarbeiter. Sofern die Beschäftigten die CSR-Aktivitäten ihres Unternehmens befürworten, empfinden sie eine gesteigerte Zufriedenheit und Identifikation mit ihren Arbeitsplätzen, was geringere Fehlzeiten und eine niedrigere Fluktuationsrate zur Folge haben kann. Externe Mediatoreffekte beschreiben demgegenüber Auswirkungen, die durch die Wahrnehmung des Unternehmens bei verschiedenen Stakeholder-Gruppen ausgelöst werden. *Schreck*

[255] Vgl. *Schreck*, 2009, S. 26
[256] Vgl. *Schreck*, 2009, S. 26
[257] Vgl. *Schreck*, 2009, S. 26
[258] Vgl. *Schreck*, 2009, S. 31
[259] Vgl. *Schreck*, 2009, S. 31, eigene Übersetzung

nennt als Beispiele die Sicherstellung der *License to Operate* und Reputationseffekte, die sich in der Durchsetzbarkeit von Premiumpreisen und verminderten Kapitalkosten bemerkbar machen können.

CFP-Bewertungsansätze

Wie bereits in Kapitel 3.1 dargelegt verwenden Wissenschaft und Unternehmenspraxis zur Bewertung der finanziellen Performance überwiegend markt- oder buchhaltungsbasierte CFP-Erfolgskennzahlen. Der Aktienkurs oder Aktienkursanstieg wird beispielsweise herangezogen, wenn es sich um marktbasierte Messungen handelt. Rentabilitätskennzahlen wie etwa die Gesamtkapitalrentabilität (ROA) oder Eigenkapitalrentabilität (ROE) sind für buchhaltungsbasierte Bewertungen kennzeichnend.

Moderatoreffekte - unter welchen Bedingungen sollte eine Verbindung zwischen CSP und CFP existieren?

Während *Orlitzky et al.* Moderatorvariablen zur Klärung der widersprüchlichen Resultate vorheriger Forschungsarbeiten verwenden, sind sie bei *Schreck* ein wesentlicher Bestandteil seines Analyseansatzes: „Besides identifying determinants that influence the extent of CSP itself, an analysis also has to clarify, which parameters might influence its link to financial performance."[260] Gegenüber den Determinanten hält *Schreck* eine Abgrenzung für erforderlich: „[...] while determinants influence the CSP level itself, moderators influence its link to financial performance."[261] Aufgrund von technischen Restriktionen wird die Untersuchung auf zwei Moderatorvariablen beschränkt: *Einflüsse des Unternehmens auf die Umwelt* sowie *Sichtbarkeit bzw. Präsenz* (im Sinne von Unternehmensgröße).

---

[260] Vgl. *Schreck*, 2009, S. 28
[261] Vgl. *Schreck*, 2009, S. 30

Während *Schreck* im zweiten Kapitel den Rahmen zur Analyse der ökonomischen Auswirkungen von CSR absteckt, beschreibt er im dritten Kapitel die Untersuchung konkret. *Schreck* bestimmt unter anderem eine bestimmte marktbasierte CFP-Erfolgskennzahl zur Bewertung der finanziellen Performance, *Tobin's Q*[262]. „[...] if CSP proves to have any effect on financial performance, it should best be measured by considering the market's assessment of a company's value, which includes all relevant expectations with that regard."[263] Um zu beurteilen, ob sich die Ergebnisse durch Verwendung einer buchhaltungsbasierten CFP-Erfolgskennzahl ändern, wird die Eigenkapitalrentabilität (ROE) für verschiedene Robustheitsprüfungen während der Untersuchung verwendet.

Schreck unterteilt darüber hinaus die Determinanten, auch als „CSP-Treiber" bezeichnet, in zwei Kategorien.[264] Die *Fähigkeit* eines Unternehmens, CSR-Aktivitäten zu betreiben, setzt das Vorhandensein von finanziellen Ressourcen voraus. CSR als *Notwendigkeit* zielt demgegenüber darauf ab, dass Unternehmen beispielsweise aufgrund ihrer Größe oder allgegenwärtigen Präsenz darauf angewiesen sind, die Beziehungen zu verschiedenen Stakeholder-Gruppen zu pflegen: „Firm visibility for instance can be expected to determine a company's likelihood to be targeted by the media and pressure groups lobbying for labour rights or environmental protection. [...] brand vulnerability of large firms can increase a company's need to be prepared to handle moral conflicts, that is to socially perform well."[265]

[262] *Tobin's Q* (deutsch: *Tobins* Quotient) ist eine Kennzahl aus der Finanzwissenschaft zur Unternehmensbewertung. *James Tobin*, Träger des Nobelpreises für Wirtschaftswissenschaften im Jahr 1981, propagierte diese Kennzahl ab 1968. Der Quotient wird synonym als Marktwert-Buchwert-Verhältnis bezeichnet.

[263] Vgl. *Schreck*, 2009, S. 46

[264] Vgl. *Schreck*, 2009, S. 49f.

[265] Vgl. *Schreck*, 2009, S. 50

Durch das Identifizieren von Moderator- und Mediatorvariablen sowie Richtungen der Kausalbeziehung werden indirekt wirkende Mechanismen erfasst, die für das Erklären und Verstehen einer positiven oder negativen Korrelation zwischen CSP und CFP hilfreich sind: „There is no obvious reason to assume that such a direct relation exists per se."[266] Um die genaue Beziehung zwischen CSP und CFP zu entwirren hält *Schreck* die Analyse für hilfreich, welche CSP-Komponente auf welche Mediatorvariable einen direkten Einfluss haben könnte, damit sich eine indirekte Verbindung zwischen gesellschaftlicher und finanzieller Performance glaubhaft annehmen lässt.[267] *Schreck* kombiniert dazu in einer Matrix sechs CSP-Komponenten mit sechs in der Literatur vorherrschenden internen und externen Mediatorvariablen (Abb. 14). Auf Basis dieser Kombinationsmöglichkeiten werden verschiedene Hypothesen abgeleitet und in einer Querschnitts-Regressionsanalyse getestet.[268]

---

266 Vgl. *Schreck*, 2009, S. 58

267 Vgl. *Schreck*, 2009, S. 58/59
Über die Vermittlerrolle von Mediatorvariablen zwischen den Faktoren CSP und CFP vgl. Kapitel 1.3.7 bzw. Abb. 2.

268 Während *Orlitzky et al.* und *Orlitzky* ihre Forschungsresultate auf Basis von vorhandenen Studien gewinnen - d.h. mit Vergangenheitsbezug -, verwendet *Schreck* „neue und wohl mehr zuverlässigere" Daten der CSR Ratingagentur *oekom research AG*. Nähere Informationen zu diesen Daten unter *Schreck*, 2009, S. 34f.

Mechanisms	HR & productivity (employee reputation)	Operational efficiency (reducing waste of resources)	Innovative-ness / general managerial competencies	Customer reputation	Risk reduction	Reputation on capital markets
Components of CSP	Internal			External		
Over-all CSP (generic)						
Staff & suppliers						
Society / community						
Corporate governance & business ethics						
Customers / products						
Environmental management						

Abbildung 14: Analyse der Wechselwirkungen zwischen CSP-Komponenten und Mediatorvariablen[269]

Im vierten und letzten Kapitel zieht *Schreck* Schlussfolgerungen und erläutert die Grenzen seiner Studie. Er betont nochmals die Notwendigkeit einer gründlichen Analyse der unterschiedlichen indirekt wirkenden Mechanismen empirischer Korrelationen. Die Untersuchung dient insbesondere dem besseren Verständnis, warum und unter welchen Umständen der *Business Case* glaubhaft angenommen werden kann.[270] Im Folgenden werden die wesentlichen Schlussfolgerungen der „methodologisch differenzierten Analyse des CSP/CFP-Links" wiedergegeben:

- Die Größe von Unternehmen und die gesellschaftliche Performance aus der Vergangenheit haben sich als die am meisten relevanten Determinanten herausgestellt: „Since it requires substantial know-how and financial resources to build competencies that allow for a good CSP, past performance should

[269] Eigene Darstellung in Anlehnung an *Schreck*, 2009, S. 59
[270] Vgl. *Schreck*, 2009, S. 99

explain a significant part of current social and environmental performance."[271]

- Im Gegensatz zu vorherigen Behauptungen und empirischen Forschungsarbeiten konnte *Schreck* die „Nullhypothese" keiner Verbindung zwischen CFP und einer „allgemeinen CSP"[272] nicht widerlegen.[273] *Schreck* zieht daraus einen wesentlichen Rückschluss: „This result can be interpreted as the empirical confirmation of the conceptually derived argument that (desirable as it might be) it is not reasonable to assume a positive generic link between CSR and private profits."[274] Dies schränkt er insofern ein, dass innerhalb eines differenzierteren Forschungsrahmens positive Korrelationen zwischen CFP und einzelnen CSP-Komponenten gefunden werden konnten.[275] Über die Gültigkeit seiner Forschungsergebnisse konstatiert *Schreck*: „[...] the reported results can be assumed to be substantial as they were mainly robust towards changes in the financial performance measure and towards a reduction of the sample size by more than half."[276]

- Mit Bezug auf das Problem der Endogenität[277] lässt sich die Richtung der Kausalität bzw. die zeitliche Abfolge der Faktoren CSP und CFP nicht abschließend klären. *Schreck* hält lediglich die Behauptung für gesichert, dass finanziell erfolgreiche Unternehmen in bestimmten CSP-Dimensionen zu einer besseren

[271] Vgl. *Schreck*, 2009, S. 49

[272] „over-all CSP as a generic competence" (Vgl. *Schreck*, 2009, S. 60)

[273] Vgl. *Schreck*, 2009, S. 85

[274] Vgl. *Schreck*, 2009, S. 85

[275] Vgl. *Schreck*, 2009, S. 85

[276] Vgl. *Schreck*, 2009, S. 85

[277] Endogenität tritt in einer Regressionsanalyse auf und bedeutet, dass die unabhängige(n) Variable(n) mit einer Störgröße korreliert bzw. korrelieren (in einer Regressionsanalyse sollen Zusammenhänge zwischen einer abhängigen und einer oder mehreren unabhängigen Variablen festgestellt werden, vgl. Kapitel 3.1.4).

Performance tendieren - und zwar unabhängig davon, ob dem CSP/CFP-Link eine Kausalität zugrunde liegt.[278] Darüber hinaus stellt er fest, dass es erfolgreiche Unternehmen offensichtlich auch als Notwendigkeit betrachten, eine gute ökologische Performance zu zeigen und sich sogenannten Good Corporate Governance-Prinzipien[279] zu unterwerfen.[280]

- Negative Korrelationen konnten grundsätzlich nicht nachgewiesen werden.[281] Die Übernahme gesellschaftlicher Verantwortung zieht offensichtlich nicht automatisch eine schlechte finanzielle Performance nach sich. *Schreck* sieht damit zum einen die Argumente von Wirtschaftswissenschaftlern widerlegt, wonach CSR eine illegitime Ressourcenverwendung bedeutet. Zum anderen sei die Annahme von Anlegern und Investoren entkräftet, dass die Übernahme gesellschaftlicher Verantwortung zu entgangenen Gewinnen führt.

- *Schreck* hält die Suche nach einem „universellen" CSP/CFP-Link, den *Orlitzky et al.* (2003) bzw. *Orlitzky* (2008) und *Kurucz et al.* (2008) betreiben, für ein „Missverständnis".[282] Die aus dieser Suche resultierenden „doppeldeutigen Forschungsergebnisse" seien mit Bezug auf die Beschaffenheit von CSR und deren Verbindung zu CFP voraussehbar und klare Resultate wären eine Überraschung: „The outcomes of the empirical analysis revealed how complex CSR matters and their internal as well as external effects are once one leaves the conceptual level and scrutinises actual performances."[283] Falls die empirischen Beziehungen so eindeutig wären, gäbe es

[278] Vgl. *Schreck*, 2009, S. 100

[279] Der Begriff Corporate Governance bzw. Good Corporate Governance wird in Kapitel 2.2.2 erläutert.

[280] Vgl. *Schreck*, 2009, S. 100

[281] Vgl. *Schreck*, 2009, S. 85, 102

[282] Vgl. *Schreck*, 2009, S. 2

[283] Vgl. *Schreck*, 2009, S. 100

keine Grundlage für kontroverse Debatten über CSR. Für *Schreck* liegt insbesondere darin der Grund, diejenigen Fälle gründlich zu untersuchen, bei denen Gewinnstreben und soziale Verantwortung nicht auseinanderfallen.[284] Er schlussfolgert in Übereinstimmung mit *Schreyögg* (2008), dass es keine Notwendigkeit zur Überzeugung von Unternehmen zur Implementierung von CSR-Strategien geben würde, falls gesellschaftliches Engagement automatisch zu zusätzlichen Gewinnen führt.[285]

- Der empirische Beweis bzw. die empirische Forschung untermauert eine nicht ausschließlich instrumentelle Sichtweise auf CSR. *Schreck* stellt vor dem Hintergrund der Ergebnisse seiner Studie fest, dass Investitionen in CSR nicht nur mit Bezug auf ihre ökonomisch förderlichen Effekte gerechtfertigt werden können: „In this context, it is an evenly important result of the preceding analysis that efforts to align corporate decisions and actions with moral standards do not come along with financial penalties, either."[286]

Schreck hält seine Studie für geeignet, denjenigen Unternehmensleitungen und Eigenkapital-Gebern wertvolle Forschungsresultate zu liefern, die ethische Überlegungen in ihren Entscheidungen berücksichtigen möchten.[287] Dies geschieht zum einen über Annahmen, deren Bestätigung im Verlauf der Forschungsarbeit *nicht* möglich war (CSP korreliert negativ mit CFP, gesellschaftliche und finanzielle Performance sind allgemein und kausal miteinander verbunden). Mit Bezug auf eine nicht ausschließlich instrumentelle Sichtweise auf CSR will *Schreck* seine Forschungsarbeit zum anderen nicht als Aufforderung zu Investitionen in bestimmte CSP-Aspekte im Sinne

[284] Vgl. *Schreck*, 2009, S. 100
[285] Vgl. *Schreck*, 2009, S. 100; *Schreyögg*, 2008, S. 131
[286] Vgl. *Schreck*, 2009, S. 100
[287] Vgl. *Schreck*, 2009, S. 102

eines „ökonomisches Gebots" verstanden wissen.[288] Seine „methodologisch differenzierte Analyse des CSP/CFP-Links" gibt vielmehr Hilfestellung, wie Unternehmensleitungen bei der Entwicklung und Implementierung von CSR-Strategien vorgehen sollten. So seien u.a. aufgrund der Forschungsresultate über die dem CSP/CFP-Link zugrunde liegenden Mechanismen „schlüssige CSR-Strategien" erforderlich.

Darüber hinaus hält *Schreck* die Ergebnisse der qualitativen Betrachtung für sehr wichtig.[289] Sie illustrieren die Notwendigkeit für Unternehmensleitungen, die Möglichkeiten für einen *Business Case* innerhalb ihrer individuellen Situation gründlich zu bewerten: „This can include the examination of whether good CSP might be a source of competitive advantages or whether it is rather means to avoid negative impacts of bad business conduct."[290] Zusätzlich macht es eine Analyse erforderlich, welche Mediatorvariablen bzw. -effekte für das betroffene Unternehmen am stärksten sind.[291]

---

[288] Vgl. *Schreck*, 2009, S. 102
[289] Vgl. *Schreck*, 2009, S. 102
[290] Vgl. *Schreck*, 2009, S. 102
[291] Vgl. *Schreck*, 2009, S. 102

5 Diskussion und Ausblick

5.1 Diskussion

Im Folgenden werden die drei Forschungsansätze des vierten Kapitels hinsichtlich der in den Kapiteln 1.1 und 1.2 aufgeworfenen Fragestellungen diskutiert:

1. Welche Rückschlüsse lassen sich aus den vorhandenen Forschungsresultaten über die Beziehung zwischen wirtschaftlichem Erfolg und CSR ziehen? Sind diese Rückschlüsse geeignet, Grundlage für unternehmerische Entscheidungen zu sein?
2. Welche Mechanismen wirken zwischen der Übernahme gesellschaftlicher Verantwortung einerseits und ökonomischem Erfolg andererseits?
3. Welche Rückschlüsse bzw. Anstöße lassen sich für zukünftige Forschungsarbeiten ableiten?

Als Synthese der ersten beiden Fragestellungen wird schließlich diskutiert, ob es einen empirischen Beweis für die Verbindung von gesellschaftlicher Verantwortung und finanziellem Unternehmenserfolg gibt und ob diese Korrelation so uneingeschränkt gilt, wie es der *Business Case of CSR* impliziert.

Die „psychometrische Meta-Analyse" von Orlitzky et al. (2003)

Die vier Schlussfolgerungen, zu denen *Orlitzky et al.* gelangen (vgl. Kapitel 4.1, dritter Absatz), sind zu pauschal und unpräzise, als dass sie Grundlage für unternehmerische Entscheidungen sein könnten. Als Verantwortlicher der Unternehmensleitung, als Shareholder oder als Mitglied des Aufsichtsrats ist die Kenntnis von essenzieller Bedeutung, welchen positiven Effekt genau die durch CSR verursachten Mehrkosten auslösen. Ein mögliches Ergebnis mit „from highly positive to modestly positive" zu beschreiben ist selten ausreichend, diesen Anforderungen zu genügen. Gleiches gilt für die übrigen drei Schlussfolgerungen: Mit „tends to be", „appears to be" oder „can explain" verwenden *Orlitzky et al.* jeweils Prädikate mit sehr geringer Belastbarkeit.[292] Die vier Schlussfolgerungen sind somit nur *vermeintlich* als Grundlage für unternehmerische Entscheidungen geeignet.

Etwas positiver fällt die Bewertung über den Beitrag von *Orlitzky et al.* zur Analyse der Mechanismen des CSP/CFP-Links aus. Ihre Suche nach Moderatorvariablen und statistischen Artefakten zur Klärung der widersprüchlichen Resultate vorheriger Forschungsarbeiten stellt einen ersten Schritt dar, die der Verbindung von CSP und CFP zugrunde liegenden Abhängigkeiten, Verknüpfungen und Variablen zu untersuchen. Mit Reputation identifizieren sie konkret eine „bedeutende Mediatorvariable", die für die Korrelation zwischen CSP und CFP verantwortlich ist.

Als wegweisend lassen sich jedoch die Rückschlüsse bezeichnen, welche *Orlitzky et al.* für zukünftige Forschungsarbeiten ableiten. Die Autoren erkennen zum einen, welche Herausforderung die Operationalisierung von CSR darstellt. Anstelle allumfassender Definitionen sei konzeptionell Übereinstimmung über diejenigen Aktivitäten erforderlich, die als „CFP-Treiber" fungieren. *Orlitzky et al.* identifizieren zum anderen Defizite bei den bestehenden Bewertungsansätzen der Faktoren CSP und CFP. Die von ihnen vorgeschlagenen „besseren Bewertungsansätze" zielen darauf ab, die Effekte von Moderator- und Mediatorvariablen auf den CSP/CFP-Link zu analysieren. Damit verdeutlichen *Orlitzky et al.*, dass die der Verbindung von CSP und CFP zugrunde liegenden Mechanismen weitgehend unbekannt sind und entsprechender Forschungsbedarf existiert. Wie bereits dargelegt haben die Verfasser der „psychometrischen Meta-Analyse" mit o.g. Rückschlüssen den Rahmen für einen differenzier-

---

[292] Vgl. *Orlitzky et al.*, 2003, S. 427

ten Forschungsansatz skizziert, den *Schreck* im Jahr 2009 aufgegriffen und weiterentwickelt hat.

Hinsichtlich der Forschungsresultate und ihrer Eignung als Grundlage für unternehmerische Entscheidungen lässt sich festhalten, dass die „psychometrische Meta-Analyse" von *Orlitzky et al.* lediglich einen weiteren Baustein im konstanten Zustrom an Forschungsarbeiten über den CSP/CFP-Link darstellt. Aus der Sicht von *Margolis/Walsh* (2003) perpetuieren fehlerhafte Studien die Suche nach dem CSP/CFP-Link, ohne jemals einen aussagekräftigen Beleg für den *Business Case von CSR* zu liefern (vgl. Kapitel 3.3.2). Der Beitrag von *Orlitzky et al.* zur Analyse der Mechanismen des CSP/CFP-Links und ihre Rückschlüsse für zukünftige Forschungsarbeiten sind demgegenüber wegweisend. Ein großes Manko stellt jedoch die von *Orlitzky et al.* und *Orlitzky* eingeschlagene Forschungsrichtung dar. Die Suche nach dem vorbehaltslosen, generellen *Business Case* hat sich sowohl konzeptionell als auch perspektivisch als Irrweg erwiesen. Wie *Schreck* mit seiner „methodologisch differenzierten Analyse des CSP/CFP-Links" dargelegt hat, sind die Voraussetzungen für das Zustandekommen einer positiven Verbindung von CSP und CFP so diffizil, dass die Annahme einer „generell positiven" Korrelation („across a wide variety of industry and study contexts"[293]) mit Unwägbarkeiten behaftet ist.

Kurucz et al. und der „‚bessere' Business Case jenseits rein ökonomischer Konzepte" (2008)

Diejenigen Forschungsresultate von *Kurucz et al.*, welche als Grundlage für unternehmerische Entscheidungen geeignet sein könnten, beziehen sich im Wesentlichen auf die vier „general types of Business Case for CSR" (vgl. Kapitel 2.2.2 und Kapitel 4.2). *Kurucz et al.* haben identifiziert, dass die verschiedenen Erfolgs- oder Nutzenwirkungen von CSR überwiegend den Bereichen *Cost*

---

[293] Vgl. *Orlitzky et al.*, 2003, S. 406

and Risk Reduction, Competitive Advantage, Reputation and Legitimacy sowie *Synergistic Value Creation* zurechenbar sind. Diese an möglichen positiven Effekten bzw. Resultaten orientierte Spezifikation ist geeignet, der Unternehmenspraxis einen ersten Einblick zu geben, welche verschiedenen Erfolgs- oder Nutzenwirkungen die Übernahme gesellschaftlicher Verantwortung nach sich ziehen können.[294] *Kurucz et al.* bleiben aber die Antwort schuldig, unter welchen Voraussetzungen diese möglichen Erfolgs- oder Nutzenwirkungen eintreten bzw. welche Mechanismen dafür verantwortlich sind. Dies betrifft auch flankierende Fragestellungen, beispielsweise zum Ausmaß oder zur Richtung der Kausalbeziehung, die *Kurucz et al.* im Gegensatz zu *Orlitzky et al.* vollständig ausblenden. Sofern die Schlussfolgerungen der „psychometrischen Meta-Analyse" nur vermeintlich als Grundlage für unternehmerische Entscheidungen geeignet sind, bleiben *Kurucz et al.* wesentliche Antworten schuldig. Im Folgenden werden die von *Kurucz et al.* entwickelten Empfehlungen diskutiert, in welche Richtung sich die CSR-Forschung bewegen sollte, um einen „besseren" *Business Case* zu konzipieren (vgl. Kapitel 4.2).

Wie bereits dargelegt stellen *Kurucz et al.* die Suche nach dem uneingeschränkten CSP/CFP-Link in Frage. Anstelle aber die der Verbindung von CSP und CFP unterstellte Bedingungslosigkeit zu hinterfragen oder ihre zugrunde liegenden Mechanismen zu analysieren, bemängeln *Kurucz et al.* einzig ihre ökonomische Ausrichtung. Der von ihnen vorgeschlagene qualitative Betrachtungsansatz verlässt bzw. erweitert damit den originär auf die Faktoren CSP und CFP ausgerichteten *Business Case*.

---

[294] Dies gilt selbstverständlich mit den in Kapitel 2.2.2 dargelegten Einschränkungen: Die vier Bereiche sind weder überschneidungsfrei noch sind die darin enthaltenen Beispiele und Theorieansätze abschließend. Darüber hinaus führt die Dynamik in den Veränderungen der gesellschaftlichen und wirtschaftlichen Rahmenbedingungen dazu, dass sich die Erfolgs- und Nutzenwirkungen fortwährend ändern.

Die erste Empfehlung zur Neuausrichtung der CSR-Forschung beinhaltet das Anerkennen von System-Komplexität. *Kurucz et al.* regen an, den vorherrschenden „organisationszentrischen Blickwinkel" zu einer „Organisation-und-Gesellschaft-Sichtweise" zu verändern. Angesichts der in Kapitel 2.1 beschriebenen Anforderungen aus dem wirtschaftlichen und gesellschaftlichen Unternehmensumfeld erscheint es beinah zwangsläufig, dass ein rein auf Unternehmensbelange ausgerichteter Blickwinkel heutzutage nicht mehr haltbar ist. Der Ansatz ähnelt darüber hinaus dem „Plädoyer" von *Porter/Kramer* (2002, 2006), Gesellschaft und Unternehmen nicht mehr als Gegenspieler wahrzunehmen (vgl. Kapitel 2.2.2).

Die zweite Empfehlung zum Aufbau von integrativen Kapazitäten beinhaltet u.a. die Abkehr vom Unternehmen als zentralem Betrachtungsobjekt der CSR-Forschung. Während die erste Empfehlung zum Ziel hatte, zunächst den Blickwinkel auf Unternehmen zu verändern, werden sie nun in die Wirtschaft als „verflochtenes System" eingeordnet. Mit diesem im Sinne ihres favorisierten qualitativen Betrachtungsansatzes konsequenten Schritt vollziehen *Kurucz et al.* letztlich die Abkehr vom originär auf die Faktoren CSP und CFP ausgerichteten *Business Case*. So zutreffend die Betonung von Verflechtungen gerade in Zeiten der Globalisierung auch sein mag, darf zweierlei nicht vollständig außer Acht gelassen werden. Zum einen vollzieht sich die Konversion von CSP zu CFP – bzw. von CFP zu CSP – in Unternehmen, weshalb ihre Stellung als zentrales Betrachtungsobjekt durchaus ihre Berechtigung hat. In Unternehmen werden die Entscheidungen getroffen, Geld für CSR-Aktivitäten zu investieren und auch hier werden mögliche Erfolgs- oder Nutzenwirkungen messbar. Zum anderen fällt dem wirtschaftlichen und gesellschaftlichen Unternehmensumfeld lediglich die Bedeutung zu, die Übernahme von gesellschaftlicher Verantwortung durch Unternehmen auszulösen. Insofern stellt die Abkehr vom Unternehmen als zentralem Betrachtungsobjekt der CSR-Forschung die wissenschaftliche Auseinandersetzung über die Beziehung zwischen wirtschaftlichem Erfolg und CSR ein Stück weit auf den Kopf.

In ihrer dritten Empfehlung befürworten *Kurucz et al.* einen „pragmatischen Blickwinkel", der mehr Möglichkeiten zur Wertschöpfung bieten würde. *Kurucz et al.* werfen mit diesem Ansatz eine ganze Reihe von Fragen auf, ohne Antworten zu geben. Was genau verbirgt sich hinter dem empfohlenen Pragmatismus? Sind damit die von *Orlitzky* bemängelten „anything-goes-Definitionen" von CSR gemeint, denen es an der konkreten Identifikation von „CFP-Treibern" ermangelt (vgl. Kapitel 4.1)? Wie sehen die erweiterten Möglichkeiten zur Wertschöpfung konkret aus, die sich *Kurucz et al.* erhoffen? Damit eng verbunden sind Fragen der Operationalisierung, d.h. wie sich die erweiterten Möglichkeiten bzw. Effekte messbar machen lassen. Welche Rolle spielen in diesem „Strauß an Wertschöpfungsmöglichkeiten" die von *Kurucz et al.* kritisierten quantitativen Bewertungsansätze, d.h. welche Bedeutung wird die CSR-Forschung zukünftig dem CSP/CFP-Link beimessen?

Für eine abschließende Beurteilung des „besseren" *Business Case* von *Kurucz et al.* hinsichtlich der drei eingangs beschriebenen Fragestellungen ist die Kenntnis darüber wichtig, in welchem Umfang entsprechende Inhalte in ihrem Forschungsansatz enthalten sind. Im Gegensatz zu *Orlitzky et al.* und *Schreck* behandeln *Kurucz et al.* überwiegend die Richtung, in welche sich die CSR-Forschung bewegen könnte, d.h. die dritte Fragestellung. Die vier „general types of Business Case for CSR", welche mit der ersten Fragestellung in Verbindung stehen, machen demgegenüber lediglich einen kleinen Teil ihrer Forschungsarbeit aus. Inhalte zur zweiten Fragestellung, den Mechanismen des CSP/CFP-Links, werden gar nicht behandelt, womit sich eine Beurteilung ihrer entsprechenden Beiträge erübrigt.

Wie bereits dargelegt sind die vier „general types of Business Case for CSR" als Grundlage für unternehmerische Entscheidungen insofern wenig geeignet, da *Kurucz et al.* die Antwort schuldig bleiben, unter welchen Voraussetzungen diese möglichen Erfolgs- oder Nutzenwirkungen eintreten bzw. welche Mechanismen dafür verantwortlich sind. Hinsichtlich der Forschungsresultate und ihrer Eignung als Grundlage für unternehmerische Entscheidungen lässt sich somit festhalten, dass neben der „psychometrischen Meta-Analyse" von *Orlitzky et al.* auch der „bessere Business Case" von *Kurucz et al.* einen weiteren Baustein im konstanten Zustrom an Forschungsarbeiten über den CSP/CFP-Link darstellt.[295] Während jedoch *Orlitzky et al.* wegweisende Anstöße für zukünftige Forschungsarbeiten liefern,

- sind sie bei *Kurucz et al.* nicht neu, da die Verlagerung vom „organisationszentrischen Blickwinkel" zur „Organisation-und-Gesellschaft-Sichtweise" (erste Empfehlung) bereits in der wissenschaftlichen Diskussion behandelt wurde;
- beinhalten sie bei *Kurucz et al.* die Abkehr vom Unternehmen als zentralem Betrachtungsobjekt der CSR-Forschung (zweite Empfehlung);
- bleiben sie bei *Kurucz et al.* mit dem empfohlenen „pragmatischen Blickwinkel" (dritte Empfehlung) sehr unpräzise.

Zusätzlich halten *Kurucz et al.* an dem von *Orlitzky et al.* und *Orlitzky* eingeschlagenen Forschungstenor fest, d.h. an der Suche nach dem vorbehaltslosen, generellen *Business Case*. Dieses Festhalten an einer als Irrweg identifizierten Forschungsrichtung (*Schreck*) ist insofern unverständlich, als dass *Kurucz et al.* die Suche nach dem uneingeschränkten CSP/CFP-Link selbst in Frage stel-

[295] Aus der Sicht von *Margolis/Walsh* (2003) perpetuieren fehlerhafte Studien die Suche nach dem CSP/CFP-Link, ohne jemals einen aussagekräftigen Beleg für den Business Case von CSR zu liefern (vgl. Kapitel 3.3.2).

len. Anstelle jedoch die der Verbindung von CSP und CFP unterstellte Bedingungslosigkeit zu hinterfragen, suchen sie eben diese in ihrem qualitativen Betrachtungsansatz.

Die „methodologisch differenzierte Analyse des CSP/CFP-Links" von Schreck (2009)

Bedingt durch den besonderen Ansatz der „methodologisch differenzierten Analyse des CSP/CFP-Links" ist es zweckmäßig, die erste und zweite Fragestellung[296] gemeinsam zu diskutieren. Diejenigen Forschungsresultate von *Schreck*, welche als Grundlage für unternehmerische Entscheidungen geeignet sein könnten, beziehen sich im Wesentlichen auch auf die der Verbindung von CSP und CFP zugrunde liegenden Mechanismen. *Schreck* identifiziert und spezifiziert insgesamt fünf dieser Mechanismen: Determinanten, CSP-Dimensionen, Mediatoreffekte, Moderatoreffekte sowie die Richtung der Kausalität (vgl. Kapitel 4.3). Die Existenz dieser fünf Mechanismen verdeutlicht die Notwendigkeit, die Annahme einer direkten, uneingeschränkten Korrelation zwischen wirtschaftlichem Erfolg und CSR kritisch zu hinterfragen. *Schreck* macht dafür zum einen die dem Konstrukt CSR inhärente Multidimensionalität verantwortlich. Er argumentiert in Übereinstimmung mit *Orlitzky*, dass die Beschaffenheit von CSR einen differenzierten Ansatz erforderlich macht. Während *Orlitzky* lediglich die Identifikation derjenigen Aktivitäten anmahnt, die einen positiven Effekt auf das Unternehmensumfeld haben, spezifiziert *Schreck* sechs einzelne CSP-Komponenten und analysiert ihre Verbindung zu internen und externen Mediatorvariablen (vgl. Abbildung 14). Die Abkehr von der Annahme einer di-

[296] 1. Welche Rückschlüsse lassen sich aus den vorhandenen Forschungsresultaten über die Beziehung zwischen wirtschaftlichem Erfolg und CSR ziehen? Sind diese Rückschlüsse geeignet, Grundlage für unternehmerische Entscheidungen zu sein?
2. Welche Mechanismen wirken zwischen der Übernahme gesellschaftlicher Verantwortung einerseits und ökonomischem Erfolg andererseits?

rekten, uneingeschränkten Korrelation ist zum anderen durch die Art der Verbindung zwischen wirtschaftlichem Erfolg und CSR begründbar. *Schreck* verdeutlicht durch das Identifizieren und Spezifizieren der dem CSP/CFP-Link zugrunde liegenden Mechanismen, dass es sich bei der Beziehung zwischen wirtschaftlichem Erfolg und CSR um eine *indirekt* wirkende Korrelation handelt.

Während sich bei *Orlitzky et al.* (2003) und *Orlitzky* (2008) die Suche nach dem vorbehaltslosen, generellen *Business Case* als roter Faden durch die gesamte Arbeit zieht, liest sich *Schreck* und seine „methodologisch differenzierte Analyse des CSP/CFP-Links" wie ein „Plädoyer" zur Abkehr von dieser Forschungsrichtung. *Schreck* begründet dies von den Ursachen der widersprüchlichen Resultate aus über 30 Jahren Forschungsarbeit zu Beginn seiner Studie bis zum Ausblick am Ende. Dabei liefert die „methodologisch differenzierte Analyse des CSP/CFP-Links" der Unternehmenspraxis eine ganze Reihe an Entscheidungshilfen. Neben den fünf der Verbindung von CSP und CFP zugrunde liegenden Mechanismen sind damit insbesondere die folgenden Schlussfolgerungen gemeint:

- Dem fehlenden Beleg für eine allgemeine und kausale Verbindung zwischen gesellschaftlicher und finanzieller Performance zum Trotz lassen sich innerhalb eines differenzierten Forschungsrahmens positive Korrelationen zwischen CFP und einzelnen CSP-Komponenten finden.
- Beim CSP/CFP-Link handelt es sich grundsätzlich nicht um eine negative Verbindung. Diese Schlussfolgerung entkräftet zwar nicht vollständig die Argumente von Wirtschaftswissenschaftlern, wonach CSR eine illegitime Ressourcenverwendung bedeutet. Im Umkehrschluss lässt sich jedoch konstatieren, dass die Übernahme gesellschaftlicher Verantwortung dem wirt-

schaftlichen Erfolg eines Unternehmens zumindest nicht abträglich ist.[297]

- Durch qualitative Analysen werden Unternehmensleitungen in die Lage versetzt, ihre individuellen Möglichkeiten für das Zustandekommen eines *Business Case* gründlich zu bewerten. Dies beinhaltet beispielsweise die Untersuchung, ob und welche Wettbewerbsvorteile durch ihre CSR-Aktivitäten generiert werden. Darüber hinaus machen qualitative Analysen eine intensive Auseinandersetzung mit den Mechanismen und Stellschrauben des CSP/CFP-Links erforderlich. Dies ermöglicht Unternehmensleitungen, einzelne Erfolgs- oder Nutzenwirkungen bzw. Mediatoreffekte gezielt zu forcieren, womit CSR Bestandteil unternehmensstrategischer Entscheidungen wird.

Hinsichtlich der Rückschlüsse für zukünftige Forschungsarbeiten (dritte Fragestellung, s.o.) ist es zweckmäßig, *Schrecks* eigene Anstöße und Restriktionen zu diskutieren. Im Folgenden werden zunächst die von *Schreck* benannten Restriktionen kurz beschrieben.

- *Schreck* verwendete Daten der CSR Ratingagentur *oekom research AG* und war damit hinsichtlich Größe und Branche auf bestimmte Unternehmen beschränkt.[298]
- Die CFP wurde einzig mit *Tobin's Q* operationalisiert, einer sehr abstrakten Kennzahl zur Unternehmensbewertung. Obwohl die Verwendung dieser Kennzahl in der Finanzliteratur sehr verbreitet ist, berücksichtigt sie nicht die zahlreichen, individuellen Aspekte, welche die CFP eines Unternehmens im Jahr der Analyse beeinflussen.[299]

---

[297] Der gleiche Sachverhalt gilt selbstverständlich auch für die Annahme von Anlegern und Investoren, wonach die Übernahme gesellschaftlicher Verantwortung zu entgangenen Gewinnen führt (vgl. Kapitel 4.3).

[298] Nähere Informationen zu den verwendeten Daten unter *Schreck*, 2008, S. 34f.

[299] Wie bereits dargelegt stehen Wissenschaft und Unternehmenspraxis drei verschiedene CFP-Bewertungsansätze zur Verfügung (vgl. Kapitel 1.3.4):

- Aufgrund von technischen Restriktionen war eine tiefergehende Analyse nicht durchführbar, unter welchen Voraussetzungen bzw. Umständen ein *Business Case* besteht. Eine solche Analyse hätte mehr Untersuchungen einzelner Branchen erfordert, sodass die Berücksichtigung branchenspezifischer Effekte möglich gewesen wäre.
- *Schrecks* Ansatz ist darüber hinaus nicht geeignet, Einblicke in reale CSR-Entscheidungsprozesse zu gewähren. Dadurch konnte u.a. folgenden Fragestellungen nicht nachgegangen werden: Gibt es explizit vorhandene CSR-Strategien? Welche Rolle spielen Unternehmensleitungen, Eigenkapital-Geber oder Mitarbeiter in der Entstehung solcher Strategien? In welchem Umfang haben Skandale die Beschäftigung mit CSR ausgelöst?

Neben den vorstehend genannten Restriktionen, die ihrerseits Anstöße für zukünftige Forschungsarbeiten darstellen, benennt *Schreck* weitere Ansatzpunkte:

- Weitere und tiefere Analysen der dem CSP/CFP-Link zugrunde liegenden Mechanismen (Determinanten, CSP-Dimensionen, Mediatoreffekte, Moderatoreffekte sowie die Richtung der Kausalität).
- Branchenspezifische Untersuchungen der Fälle, bei denen weit verbreitete, aber gesellschaftlich sanktionierte Geschäftspraktiken[300] zum beiderseitigen Nutzen von Stakeholdern und Shareholder beseitigt worden sind. *Schreck* interessiert sich in diesem Zusammenhang für den Prozess der Entscheidungsfin-

---

Marktbasierte Bewertung, buchhaltungsbasierte Bewertung und Bewertung nach wahrgenommenen Faktoren. Bei *Tobin's Q* handelt es sich um eine marktbasierte Bewertung bzw. Kennzahl. Nähere Informationen zu *Tobin's Q* unter *Schreck*, 2008, S. 46/47.

300 *Schreck* meint damit Umweltverschmutzung oder die Verletzung von Menschenrechten (vgl. *Schreck*, 2009, S. 100).

dung und die zugrunde liegenden Motivationen und Beweggründe.

- Darüber hinaus hält *Schreck* folgende Fragestellungen für forschungsrelevant: Wie werden Stakeholder am meisten beeinflusst? Welche Stakeholder-Gruppe profitiert am meisten von welcher Art von Verbesserungen? Bietet CSR einzelnen Unternehmen ausreichend Marktchancen oder sollten besser Aktivitäten auf Branchenebene durchgeführt werden? Wie passen diese Marktchancen zu den Stärken des Unternehmens?

Die vorstehend genannten Rückschlüsse und Antworten verdeutlichen die herausragende Position, welche die „methodologisch differenzierte Analyse des CSP/CFP-Links" von *Schreck* im Vergleich mit den Ansätzen von *Orlitzky et al.* und *Kurucz et al.* einnimmt. Neben der praktischen Anwendbarkeit der Schlussfolgerungen für Wissenschaft und Unternehmenspraxis liegt *Schrecks* Beitrag zur CSR-Forschung in erster Linie darin, die seit Jahrzehnten betriebene Suche nach dem vorbehaltslosen, generellen *Business Case* als Irrweg zu identifizieren. Aufgrund der dem Konstrukt CSR inhärenten Multidimensionalität und der Tatsache, dass es sich bei der Beziehung zwischen wirtschaftlichem Erfolg und CSR um eine indirekt wirkende Korrelation handelt, ist diese Forschungsrichtung sowohl konzeptionell als auch perspektivisch zum Scheitern verurteilt. Wie *Schreck* darlegt gab es zu keiner Zeit einen aussagekräftigen Beleg für eine allgemeine, uneingeschränkte Verbindung von gesellschaftlicher Verantwortung und finanziellem Unternehmenserfolg und auch perspektivisch ist eine solche Nachweisführung unmöglich. Dem fehlenden Beleg zum Trotz lassen sich innerhalb eines differenzierten Forschungsrahmens positive Korrelationen zwischen CFP und einzelnen CSP-Komponenten finden. Dieser wesentliche Rückschluss beinhaltet gleichzeitig wichtige Anstöße für zukünftige Forschungsarbeiten.

5.2 Ausblick

Um einen Ausblick zu wagen, in welche Richtung sich die Forschung über die Beziehung zwischen wirtschaftlichem Erfolg und CSR entwickeln könnte, ist es zweckmäßig, an den entsprechenden Anstößen von *Schreck* anzuknüpfen (vgl. Kapitel 5.1). So regt *Schreck* u.a. an, eine weitere und tiefere Analyse der Voraussetzungen bzw. Umstände zu betreiben, unter denen der *Business Case* glaubhaft angenommen werden kann. Dies zielt auf die dem CSP/CFP-Link zugrunde liegenden Mechanismen ab, die sich durch technische Restriktionen und den besonderen Forschungsansatz teilweise nur sehr eingeschränkt untersuchen ließen:

- *Schreck* musste seine Untersuchung auf die Analyse der Effekte von zwei branchenübergreifenden Moderatorvariablen beschränken, *Einflüsse des Unternehmens auf die Umwelt* sowie *Sichtbarkeit bzw. Präsenz* (im Sinne von Unternehmensgröße). Darauf aufbauend sollte analysiert werden, welche weiteren branchenübergreifenden Moderatorvariablen existieren und welche ausschließlich branchenspezifisch bestehen.
- *Schreck* spezifiziert sechs einzelne CSP-Komponenten und analysiert ihre Verbindung zu jeweils drei internen und externen Mediatorvariablen (vgl. Abbildung 14). Hinsichtlich möglicher Interdependenzen stellt sich die Frage, ob *Schreck* mit der Beschränkung auf jeweils sechs CSP-Komponenten und Mediatorvariablen ein dem Konstrukt CSR adäquates Differenzierungsausmaß gewählt hat. Es bedarf somit einer Untersuchung, ob neben diesen sechs weitere CSP-Komponenten und Mediatorvariablen identifiziert und spezifiziert werden müssen. Hinzu kommt der dynamische Aspekt des *Business Case*. Wie bereits dargelegt führen die gesellschaftlichen und wirtschaftlichen Umbrüche dazu, dass mögliche Erfolgs- und Nutzenwirkungen bzw. Mediatoreffekte fortwährenden Änderungen unterworfen sind. Aus der Matrix bzw. den sechs CSP-

Komponenten und Mediatorvariablen ist nicht ersichtlich, wie *Schreck* diesen dynamischen Aspekt des *Business Case* berücksichtigt.

- Die Darstellung von einzelnen dem CSP/CFP-Link zugrunde liegenden Mechanismen in einer Matrix erscheint geeignet, die Betrachtung um die Belange von Stakeholder-Gruppen zu erweitern. Durch die Matrix werden Interdependenzen und Stellschrauben sichtbar, was fokussierte Maßnahmen zugunsten der besonders relevanten Stakeholder-Gruppen ermöglicht – sofern diese zuvor identifiziert wurden und Angaben über ihre Interessen bzw. Ansprüche vorliegen. In diese Richtung geht auch *Schreck*, obgleich er mit seinen Stakeholder-Fragestellungen allgemeiner bleibt (vgl. Kapitel 5.1).
- Untersuchung der Interdependenzen zwischen allen Mechanismen untereinander, d.h. nicht nur zwischen CSP-Komponenten und Mediatorvariablen. Denkbar wäre beispielsweise, die Richtung der Kausalität in jeder einzelnen Verbindung einer CSP-Komponente mit einer Mediatorvariablen zu analysieren. Die Untersuchung, welche Interdependenzen zwischen der Richtung der Kausalität und Determinanten bzw. Moderatorvariablen bestehen, erscheint ebenfalls vorstellbar.
- Branchenspezifische Untersuchungen von Praxisfällen, die über die Einschränkung von *Schreck* hinausgehen.[301] Die Wissenschaft wäre damit zum einen in der Lage, ihre Forschungsansätze (vgl. u.a. Kapitel 4) auf Tauglichkeit in der Realität zu prüfen. Die Analyse von Praxisfällen ermöglicht zum anderen, bislang unbekannte Mechanismen zu identifizieren, die dem CSP/CFP-Link zugrunde liegen. Aus dem Blickwinkel der Unternehmenspraxis ließen sich wichtige Rückschlüsse bzw. An-

[301] *Schreck* will branchenspezifische Untersuchungen lediglich auf diejenigen Fälle beschränken, bei denen weit verbreitete, aber gesellschaftlich sanktionierte Geschäftspraktiken zum beiderseitigen Nutzen von Stakeholdern und Shareholder beseitigt worden sind (vgl. Kapitel 5.1).

stöße ableiten, wie ökonomische und gesellschaftliche Zielsetzungen zum beiderseitigen Nutzen verfolgt werden können (sogenannte Best Practice-Beispiele).

Die vorstehend genannten Anstöße verdeutlichen den Forschungsbedarf, eine weitere und tiefere Analyse der Beziehung zwischen wirtschaftlichem Erfolg und CSR zu betreiben. Mit der „methodologisch differenzierten Analyse des CSP/CFP-Links" steht dabei ein vielversprechender konzeptioneller Forschungsansatz zur Verfügung.

Sofern ein neuer Forschungsansatz konzipiert wird, sollten bestimmte Rahmenbedingungen berücksichtigt werden (vgl. Kapitel 5.1):

1. Es wird ein quantitativer bzw. „ökonomischer" Forschungsansatz gewählt, der auf die zentralen Betrachtungsobjekte CSP und CFP ausgerichtet ist.

2. Der Ansatz unterstellt, dass es sich beim CSP/CFP-Link weder um eine direkte noch um eine vorbehaltslose, generelle Verbindung von CSP und CFP handelt.

Neben dem Aufgreifen eines bestehenden Forschungsansatzes oder der Neukonzeption eines solchen, sollten einzelne Aspekte im Themenkomplex der Beziehung zwischen wirtschaftlichem Erfolg und CSR näher beleuchtet werden. Diese fokussierten Analysen hätten beispielsweise folgende Zielsetzungen:

- Während die Operationalisierung von CSP in der betrachteten Literatur viel Raum einnimmt, gehen die verschiedenen CFP-Bewertungsansätze beinahe unter. In den unterschiedlichen Forschungsansätzen wird offenbar stillschweigend vorausgesetzt, dass CFP „irgendwie" gemessen wird bzw. dass eine der drei vorherrschenden Bewertungsmethoden[302] zum Einsatz

[302] Vgl. Kapitel 1.3.4

kommt. Es bedarf somit einerseits der Analyse, unter welchen Voraussetzungen es zweckmäßig ist, eine marktbasierte, buchhaltungsbasierte oder Bewertung nach wahrgenommenen Faktoren durchzuführen. Andererseits müsste untersucht werden, welcher Ansatz innerhalb der gewählten Bewertungsmethode unter den gegebenen Umständen am sinnvollsten ist. Eine solche Analyse könnte letztlich in Empfehlungen münden, mit welcher Kennzahl innerhalb einer Bewertungsmethode unter welchen Voraussetzungen zu messen ist.

- Sofern innerhalb eines differenzierten Forschungsrahmens positive Korrelationen zwischen CFP und einzelnen CSP-Komponenten feststellbar sind, drängen sich zahlreiche Fragen auf, welche auf die „Rendite" der CSR-Aktivitäten abzielen: Wie lässt sich diese „Rendite" messbar machen und über welchen Zeitraum? Welche Rolle spielt die betrachtete Branche? Sind branchenübergreifende oder branchenspezifische Benchmarks möglich und wie müssten sie aussehen?
- Mit den o.g. Untersuchungen von Praxisfällen bzw. mit Unternehmenserhebungen eng verbunden sind Stakeholder-Befragungen. Sofern sich durch CSR ausgelöste Reputationseffekte beispielsweise in der Durchsetzbarkeit von Premiumpreisen bemerkbar machen, erscheint es zweckmäßig, die Beziehung zwischen wirtschaftlichem Erfolg und CSR auch aus dem Blickwinkel des Kunden und dessen „CSR-Zahlungsbereitschaft" zu analysieren. Analog wären Untersuchungen über die Neigung von Shareholdern denkbar, die Übernahme gesellschaftlicher Verantwortung mit geringeren Kompensationsforderungen zu honorieren (wodurch die Kapi-

talkosten vermindert werden[303]).

Das Kapitel 5.2 verdeutlicht einerseits den immensen Forschungsbedarf, eine weitere und tiefere Analyse der Beziehung zwischen wirtschaftlichem Erfolg und CSR zu betreiben. Andererseits werden konzeptionelle Forschungsansätze, zu berücksichtigende Rahmenbedingungen und konkrete Forschungsanstöße genannt, welche die Wissenschaft aufgreifen sollte.

[303] Wie bereits dargelegt begreifen Shareholder CSR-Aktivitäten als positiven Beitrag zur Verminderung des Ausfallrisikos ihrer Kapitalanlage und verlangen daher tendenziell geringere Kompensationsleistungen. Neben einem erleichterten Zugang zu Eigenkapital vermindert gesellschaftliches Engagement dadurch die Kapitalkosten eines Unternehmens.

Literaturverzeichnis

Alexander, G.J./Buchholz, R.A. (1978): Corporate social performance and stock market performance. In: Academy of Management Journal, Heft 21, S. 479-486.

Blanke, Moritz/Lang, Reinhard (2010): Soziales Engagement von Unternehmen als strategische Investition in das Gemeinwesen. In: Gesellschaftliche Verantwortung von Unternehmen - Von der Idee der Corporate Social Responsibility zur erfolgreichen Umsetzung, 1. Auflage, S. 242-272. Wiesbaden: Gabler.

Brooks, Libby (2002): Power to the people. In: The Guardian, Ausgabe 20.12.2002. Abrufbar im Internet: URL: http://www.guardian.co.uk/world/2002/dec/20/debtrelief.development. Zuletzt geprüft am 03.05.2011.

Carroll, Archie (2007): Corporate Social Responsibility. In: The A to Z of corporate social responsibility - a complete reference guide to concepts, codes and organisations. Chichester: Wiley.

Flotow, Paschen von/Häßler, Rolf-D./Kachel, Petra (2003): Nachhaltigkeit und Shareholder Value aus Sicht börsennotierter Unternehmen. In: Studien des Deutschen Aktieninstituts, Heft 22. Abrufbar im Internet: URL: http://www.instoec.de/fileadmin/user_upload/Abschlussversion.pdf. Zuletzt geprüft am 03.05.2011.

Freeman, Edward (1984): Strategic management - a stakeholder approach. Boston: Pitman.

Friedman, Milton (1970): The social responsibility of business is to increase its profits. In: New York Times Magazine, Ausgabe 13.09.1970. Abrufbar im Internet: URL: http://www.colorado.edu/studentgroups/libertarians/issues/friedman-soc-resp-business.html. Zuletzt geprüft am 03.05.2011.

Habisch, André (2006a): Die Corporate-Citizenship-Herausforderung: Gesellschaftliches Engagement als Managementaufgabe. In: Erfolgsfaktor Verantwortung, S. 35-49. Berlin: Springer.

Habisch, André (2006b): Gesellschaftliches Engagement als Win-Win-Szenario. In: Erfolgsfaktor Verantwortung, S. 81-97. Berlin: Springer.

Habisch, André/Schmidpeter, André (2008): Potenziale, Nutzenfelder, Legitimität. In: Handbuch Corporate Citizenship, S. 57-70. Berlin: Springer.

Habisch, André/Wildner, Martin/Wenzel, Franz (2008): Corporate Citizenship (CC) als Bestandteil der Unternehmensstrategie. In: Handbuch Corporate Citizenship, S. 3-43. Berlin: Springer.

Hansen, Ursula/Schrader, Ulf (2005): Corporate Social Responsibility als aktuelles Thema der Betriebswirtschaftslehre. In: Die Betriebswirtschaft (DBW), Jg. 65, Heft 4, S. 373-395. Abrufbar im Internet: URL: http://www.imug.de/pdfs/csr/hp_imug_hansen_schrader_csr_und_bwl_2005.pdf. Zuletzt geprüft am 03.05.2011.

Hasselfeldt, Gerda (2009): CSR trotz Krise?. In: Nachhaltigkeitsmagazin (SAAS News), Heft 11, S. 3-7. Stuttgart: Ernst & Young.

Hauff, Volker (1987): Unsere gemeinsame Zukunft - Der Brundtland-Bericht der Weltkommission für Umwelt und Entwicklung. Greven: Eggenkamp-Verlag.

Hedges, Larry/Olkin, Ingram (1980): Vote counting methods in research synthesis. In: Psychological Bulletin, Heft 88, S. 359-369.

Heine, Charlotte (2009): Wertschöpfung durch Corporate Responsibility. In: Nachhaltigkeitsmagazin (SAAS News), Heft 11, S. 5-7. Stuttgart: Ernst & Young.

Homann, Karl/Blome-Drees, Franz (1992): Wirtschafts- und Unternehmensethik. Göttingen: Vandenhoeck und Ruprecht.

Jasch, Christine/Grasl, Rafaela (2007): TRIGOS - CSR rechnet sich. In: Berichte aus Energie- und Umweltforschung, Heft 10/2007. Wien: Bundesministerium für Verkehr, Innovation und Technologie. Abrufbar im Internet: URL: http://www.ioew.at/ioew/download/TRIGOS-CSR-rechnet%20sich-Endbericht.pdf. Zuletzt geprüft am 03.05.2011.

Johnson, Harold (1971): Business in contemporary society: framework and issues. Belmont: Wadsworth.

Kirchhoff, Klaus Rainer (2006): CSR als strategische Herausforderung. In: Erfolgsfaktor Verantwortung, S. 13-33. Berlin: Springer.

Kleinfeld, Annette/Schnurr, Johanna (2010): CSR erfolgreich umsetzen. In: Gesellschaftliche Verantwortung von Unternehmen – Von der Idee der Corporate Social Responsibility zur erfolgreichen Umsetzung, 1. Auflage, S. 286-359. Wiesbaden: Gabler.

Kurucz, Elizabeth C./Colbert, Barry A./Wheeler, David (2008): The Business Case for Corporate Social Responsibility. In: The Oxford Handbook of Corporate Social Responsibility. S. 83-112. Oxford: Oxford University Press.

Leisinger, Klaus (2008): Zur Relevanz der Unternehmensethik in der Betriebswirtschaftslehre. In: Schmalenbachs Zeitschrift für betriebswirtschaftliche Forschung (zfbf), Heft 58/08, S. 26-49. Düsseldorf: Fachverlag der Verlagsgruppe Handelsblatt.

Loew, Thomas/Ankele, Kathrin/Braun, Sabine/Clausen, Jens (2004): Bedeutung der internationalen CSR-Diskussion für Nachhaltigkeit und die sich daraus ergebenden Anforderungen an Unternehmen mit Fokus Berichterstattung. Endbericht an das Bundesministerium für Umwelt, Naturschutz und Reaktorsicherheit. Münster: future e.V. - Umweltinitiative von Unterneh-me(r)n. Berlin: Institut für ökologische Wirtschaftsförderung (IÖW) gGmbH. Abrufbar im Internet: URL: http://www.future-ev.de/uploads/media/CSR-Studie_Langfassung_BMU.pdf. Zuletzt geprüft am 03.05.2011.

Margolis, Joshua/Walsh, James (2003): Misery Loves Companies: Rethinking Social Initiatives by Business. In: Administrative Science Quarterly, Heft 48, S. 268-305.

Matten, Dirk/Palazzo, Guido (2008): Unternehmensethik als Gegenstand betriebswirtschaftlicher Forschung und Lehre - Eine Bestandsaufnahme aus internationaler Perspektive. In: Schmalenbachs Zeitschrift für betriebswirtschaftliche Forschung (zfbf), Heft 58/08, S. 50-71. Düsseldorf: Fachverlag der Verlagsgruppe Handelsblatt.

Müller, Dirk (2007): Moderatoren und Mediatoren in Regressionen. In: Methodik der empirischen Forschung, 2. Auflage, S. 245-260. Wiesbaden: Deutscher Universitäts-Verlag.

Münstermann, Matthias (2007): Corporate Social Responsibility. Wiesbaden: Gabler.

o.V. (2001): Europäische Rahmenbedingungen für die soziale Verantwortung der Unternehmen - Grünbuch (KOM 366). Kommission der Europäischen Gemeinschaften. Abrufbar im Internet: URL: http://eur-lex.europa.eu/LexUriServ/site/de/com/2001/com2001_0366de01.pdf. Zuletzt geprüft am 03.05.2011.

o.V. (2002): Mitteilung der Kommission betreffend die soziale Verantwortung der Unternehmen: ein Unternehmensbeitrag zur nachhaltigen Entwicklung (KOM 347). Kommission der Europäischen Gemeinschaften. Abrufbar im Internet: URL: http://eur-lex.europa.eu/LexUriServ/LexUriServ.do?uri=COM:2002:0347:FIN:de:PDF. Zuletzt geprüft am 03.05.2011.

o.V. (2006): Analyse: Business Case for Sustainability. Hannover: imug Beratungsgesellschaft. Abrufbar im Internet: URL: http://www.imug.de/pdfs/csr/hp_imug_business_case_for_sustainability_2006.pdf. Zuletzt geprüft am 03.05.2011.

o.V. (2008): Die gesellschaftliche Verantwortung von Unternehmen (CSR) zwischen Markt und Politik. Berlin: Bundesministerium für Arbeit und Soziales (BMAS). Abrufbar im Internet: URL: http://www.csr-in-deutschland.de/portal/generator/6000/property=data/2008__12__17__studie__gesellschaftliche__verantwortung__unternehmen.pdf. Zuletzt geprüft am 03.05.2011.

o.V. (2011): Corporate Governance - Was ist das?. Berlin: Bundesministerium der Justiz (BMJ). Abrufbar im Internet: URL: http://www.bmj.de/DE/Buerger/wirtschaftHandel/GuteUnternehmensf%C3%BChrung/_doc/Corporate_Governance_Was_ist_das_doc.html?nn=1464244. Zuletzt geprüft am 03.05.2011.

o.V. (2009): ISO 26000:2010, Guidance on social responsibility (draft). Genf: International Organization for Standardization (ISO). Abrufbar im Internet: URL: http://isotc.iso.org/livelink/livelink/fetch/2000/2122/830949/3934883/3935837/ISO_DIS_26000_Guidance_on_Social_Responsibility.pdf?nodeid=8385026&vernum=0. Zuletzt geprüft am 03.05.2011.

Orlitzky, Marc (2008): Corporate social performance and financial performance - A research synthesis. In: The Oxford Handbook of Corporate Social Responsibility. S. 113-134. Oxford: Oxford University Press.

Orlitzky, Marc/Schmidt, Frank/Rynes, Sara (2003): Corporate Social and Financial Performance: A Meta-analysis. In: Organization Studies, Jg. 24, Heft 3, S. 403-441. Abrufbar im Internet: URL: http://www.finanzasostenibile.it/finanza/moskowitz2004.pdf. Zuletzt geprüft am 03.05.2011.

Porter, Michael/Kramer, Mark (2002): The Competitive Advantage of Corporate Philanthropy. In: Harvard Business Review. Abrufbar im Internet: URL: http://www.expert2business.com/itson/Porter%20HBR%20Corporate%20philantropy.pdf. Zuletzt geprüft am 03.05.2011.

Porter, Michael/Kramer, Mark (2006): Strategy & Society - The Link Between Competitive Advantage and Corporate Social Responsibility. In: Harvard Business Review. Abrufbar im Internet:

URL: http://www.salesforcefoundation.org/files/HBR-Competive AdvAndCSR.pdf. Zuletzt geprüft am 03.05.2011.

Promberger, Kurt/Spiess, Hildegard (2006): Der Einfluss von Corporate Social (and Ecological) Responsibility auf den Unternehmenserfolg. Insbruck: Universität Insbruck. Abrufbar im Internet: URL: http://www.verwaltungsmanagement/602/uploads /csr_unternehmenserfolg_working_paper.pdf. Zuletzt geprüft am 03.05.2011.

Recktenwald, Horst Claus (2009): Der Wohlstand der Nationen – Untersuchung über das Wesen und die Ursachen des Volkswohlstandes. Neu-Isenburg: Zweitausendeins.

Schäfer, Henry/Lindenmayer, Philipp (2005): Unternehmenserfolge erzielen und verantworten – ein finanzmarktgesteuertes Beurteilungs- und Steuerungsmodell von Corporate Responsibility. Gütersloh: Bertelsmann Stiftung. Abrufbar im Internet: URL: http://www.bertelsmann-stiftung.de/bst/de/media/xcms_bst_d ms_16297__2.pdf. Zuletzt geprüft am 03.05.2011.

Schlund, Manfred (2007): Corporate Social Responsibility (CSR) – eine Sozialinnovation der Unternehmen für die Gesellschaft?. In: Herausforderungen einer zukunftsorientierten Unternehmenspolitik, S. 65-89. Wiesbaden: Deutscher Universitäts-Verlag.

Schreck, Philipp (2009): The Business Case for Corporate Social Responsibility. Heidelberg: Physica-Verlag.

Schreyögg, Georg (2008): Unternehmensethik zwischen guten Taten und Korruption – Perspektiven für die Betriebswirtschaftslehre. In: Schmalenbachs Zeitschrift für betriebswirtschaftliche

Forschung (zfbf), Heft 58/08, S. 116-135. Düsseldorf: Fachverlag der Verlagsgruppe Handelsblatt.

Schwab, Klaus (2002): Die neue Epoche für Manager. In: Finanz und Wirtschaft, Jg. 75, Nr. 33.

Schwalbach, Joachim (2008): CSR und der ehrbare Kaufmann. In: Nachhaltigkeitsmagazin (SAAS News), Heft 7, S. 3-5. Stuttgart: Ernst & Young.

Steinmann, Horst/Löhr, Albert (1994): Grundlagen der Unternehmensethik. 2. Auflage. Stuttgart: Schäffer-Poeschel.

Ullmann, Arieh (1985): Data in search of a theory: A critical examination of the relationship among social performance, social disclosure, and economic performance. In: Academy of Management Review, Heft 10, S. 540-577.

Ulrich, Peter (1998): Integrative Wirtschaftsethik – Grundlagen einer lebensdienlichen Ökonomie. 2. Auflage. Bern: Haupt-Verlag.

Utermark, Elisabeth (2008): Nachhaltige Unternehmensbewertungen. In: Nachhaltigkeitsmagazin (SAAS News), Heft 7, S. 5-7. Stuttgart: Ernst & Young.

Venkatraman, N./Ramanujam, Vasudevan (1986): Measurement of business performance in strategy research: A comparison of approaches. Academy of Management Review. Jg. 11, S. 801-814.

Waddock, Sandra/Graves, Samuel (1997): The corporate social performance – financial performance link. Strategic Management Journal. Jg. 18. S. 303-319.

Wheeler, David/McKague, Kevin/Thomson, Jane/Davies, Rachel/Medalye, Jacqueline/Prada, Marina (2005): Creating Sustainable Local Enterprise Networks. In: MIT Sloan Management Review, Heft 47. Abrufbar im Internet: URL: http://www.honeycareafrica.com/PDF/Sustainable_Local_Enterprise_Networks.pdf. Zuletzt geprüft am 03.05.2011.

Wieland, Josef (2007): Die Ethik der Governance. 5. Auflage. Marburg: Metropolis-Verlag.

Wood, Donna (1991): Corporate Social Performance Revisited. Academy of Management Review. Jg. 16, S. 691-718.

Wood, Donna/Jones, Raymond (1995): Stakeholder mismatching: A theoretical problem in empirical research on corporate social performance. In: International Journal of Organizational Analysis, Heft 3, S. 229-267.

Abonnement

Hiermit abonniere ich die Reihe **Beiträge zur anwendungsorientierten Unternehmensführung (ISSN 2192-0478),** herausgegeben von Prof. Dr. Jörn Altmann und Prof. Dr. Ronald Deckert,

❒ ab Band # 1
❒ ab Band # ___
  ❒ Außerdem bestelle ich folgende der bereits erschienenen Bände:
  #___, ___, ___, ___, ___, ___, ___, ___, ___, ___, ___

❒ ab der nächsten Neuerscheinung
  ❒ Außerdem bestelle ich folgende der bereits erschienenen Bände:
  #___, ___, ___, ___, ___, ___, ___, ___, ___, ___, ___

❒ 1 Ausgabe pro Band   ODER   ❒ ___ Ausgaben pro Band

Bitte senden Sie meine Bücher zur versandkostenfreien Lieferung innerhalb Deutschlands an folgende Anschrift:

Vorname, Name: ______________________________

Straße, Hausnr.: ______________________________

PLZ, Ort: ______________________________

*Tel. (für Rückfragen):*________________ *Datum, Unterschrift:* ________________

Zahlungsart

❒ *ich möchte per Rechnung zahlen*

❒ *ich möchte per Lastschrift zahlen*

bei Zahlung per Lastschrift bitte ausfüllen:

Kontoinhaber: ______________________________

Kreditinstitut: ______________________________

Kontonummer: ______________________ Bankleitzahl: ______________________

Hiermit ermächtige ich jederzeit widerruflich den ***ibidem***-Verlag, die fälligen Zahlungen für mein Abonnement der Reihe **Beiträge zur anwendungsorientierten Unternehmensführung (ISSN 2192-0478)** von meinem oben genannten Konto per Lastschrift abzubuchen.

Datum, Unterschrift: ______________________________

Abonnementformular entweder **per Fax** senden an: **0511 / 262 2201** oder 0711 / 800 1889
oder als **Brief** an: ***ibidem***-Verlag, Leuschnerstr. 40, 30457 Hannover oder
als e-mail an: ibidem@ibidem-verlag.de

***ibidem*-Verlag**

Melchiorstr. 15

D-70439 Stuttgart

info@ibidem-verlag.de

www.ibidem-verlag.de
www.ibidem.eu
www.edition-noema.de
www.autorenbetreuung.de

Zeitfracht Medien GmbH
Ferdinand-Jühlke-Straße 7
99095 Erfurt, Deutschland
produktsicherheit@kolibri360.de